subkultur

www.edition.subkultur.de

Katja Angenent

Katja Angenent, geboren 1982 in Ludwigshafen, wuchs in Duisburg auf und lebt heute in Münster und im Ruhrgebiet. Sie arbeitet als freie Journalistin und Autorin. Katja schreibt schon seit der ersten Grundschulklasse eigene Geschichten und Bücher – der Erfolg hat seit den ersten Publikationen stetig zugenommen. Sie hat in Münster und Leiden (Niederlande) Geschichte, Deutsch und Englisch studiert und steht auf alles Alte und auf vieles aus Großbritannien. Heute gehört sie zur Münsteraner Autorengruppe Semikolon und gibt Kurse für kreatives Schreiben. Unter www.nrw-alternativ.de berichtet sie über Themen und Events rund um ein Leben im bevölkerungsreichsten Bundesland abseits vom Mainstream.

www.katjaschreibt.jimdo.com

subkultur

Katja Angenent

Die alte Freundin Dunkelheit

Schauergeschichten

www.edition.subkultur.de

KATJA ANGENENT: „Die alte Freundin Dunkelheit"
2. Auflage, August 2021, Edition Subkultur Berlin

Inh. Marion Alexa Müller, Bornholmer Str. 81a, 10439 Berlin
www.subkultur.de - impressum@periplaneta.eu

Die Handlung und alle handelnden Personen sind erfunden. Jegliche Ähnlichkeit mit realen Personen oder Ereignissen wäre rein zufällig.
Korrektorat und Projektassistenz: Murielle Müller
Coverfotografie: Artem Kovalev (www.unsplash.com)
Projektleitung, Satz & Layout: Thomas Manegold
Gedruckt und gebunden in Deutschland
Gedruckt auf FSC- und PEFC-zertifiziertem Werkdruckpapier
print ISBN: 978-3-943412-35-2
epub ISBN: 978-3-943412-82-6

Das Kloster

Heinrich IV., König des deutschen Volkes, blickte von der Oppenheimer Stadtmauer stirnrunzelnd über den Rhein. Im Osten, am Horizont, zog ein Sturm auf. Die Zeichen waren unverkennbar. Dichte, dunkle Wolkenberge türmten sich am Himmel. Während über Heinrich noch die Sonne schien, wurde es dort bereits dunkel. Wie passend, dachte er. Gott ließ diesmal wirklich keine Zeichen aus. Die Analogie war unübersehbar. Gegenüber, auf der anderen Seite des Flusses, tagten in diesem Moment seine Gegner, um zu entscheiden, wie mit ihm weiter zu verfahren sei. Auch dieser Sturm war unausweichlich.

Er schüttelte den Kopf. Die Narren dort in Trebur irrten. Hörten sie nicht Gottes Worte? Wussten sie nicht, dass er sich in all seinem Tun nur nach Gottes Wünschen richtete? Sahen sie nicht, dass der Papst in seiner Anmaßung eher dem Teufel nahe war als Gott? Stattdessen wollten sie ihn, den von Gott eingesetzten König, richten. Er begriff diese Menschen nicht.

Ein frischer Wind kam auf und ließ seinen Umhang flattern. Heinrich überlegte. Das Heraufziehen des Sturmes verhieß nichts Gutes. Eine Windböe erfasste einige trockene Blätter vor ihm und zwang sie zu einem grotesken Tanz.

Er musste etwas tun! Seit zwei Tagen waren er und seine Getreuen – zumindest die, die ihm noch geblieben waren – hier zum Warten verdammt. Wer wusste schon, wann die Gesandten in Trebur zu einem Entschluss kommen würden? Das konnte noch Tage, vielleicht Wochen dauern. Und was nach ihrem Entschluss käme, das wusste nur Gott allein. Alles stand auf dem Spiel: seine Königswürde, seine Ämter, ja, sogar seine Zugehörigkeit zur Kirche und damit sein Seelenheil.

Er hatte gehört, was selbst enge Freunde hinter seinem Rücken tuschelten: Dass er der Situation nervlich nicht gewachsen wäre, dass Gott ihn strafe, dass er anfinge,

irrational zu handeln. Dabei war es doch die Gegenseite, der es an Einsicht und Rationalität mangelte!
Der Wind bewegte nun auch die schwarzen Baumkronen unten am Rhein. Die Sonne war nicht mehr zu sehen. Wie ein Hund in seinem Zwinger begann der König, auf der Mauer auf und ab zu laufen. Bereits zwei Mal war er in den letzten Wochen vor Erschöpfung zusammengebrochen. Seine Nerven seien angeschlagen, sagte der Medicus. Heinrich verstand das nicht. Sollte Gott ihn tatsächlich verlassen haben? Er hatte doch Buße getan. Er hatte gebetet, gefastet, gestiftet, wieder gebetet; immer wieder gebetet. Durch das fortwährende Fasten war seine Statur ganz hager geworden. War das immer noch nicht genug gewesen? Der Wind wurde stärker. Die ersten Regentropfen klatschten gegen die Mauer.
„Was soll ich denn noch tun, Gott?", schrie er in den Wind.
Doch der Wind antwortete nicht.

Ein Klopfen auf seiner Schulter riss den König schließlich aus seinen Gedanken. Heinrich drehte sich um.
Vor ihm stand Hugo von Cluny, einer seiner engsten Berater. Als sein Taufpate war er einer der wenigen, der sich eine so intime Geste erlauben konnte.
„Majestät, kommt doch mit in das Besprechungszimmer. Hier draußen holt Ihr Euch bei dem Wetter noch die schlimmsten Krankheiten!"
„Warum schickt Gott nun diesen Sturm, Hugo?"
„Sicher weiß das nur der Herr allein, mein König. Aber so lasst uns doch drinnen weiterreden. Es gibt etwas, das Ihr wissen solltet."
Heinrich nickte, warf noch einen letzten Blick auf den wolkenverhangenen Himmel, und folgte seinem Paten dann hinein.

Drinnen loderte ein gemütliches Feuer im Kamin. Heinrich hatte Probleme, sich auf die Gespräche seiner Berater zu konzentrieren.

„Eure Königliche Hoheit", unterbrach Anno von Köln nach einer Weile die Grübeleien. Etwas in seiner Stimme ließ den König aufhorchen.
„Was wir Euch gestern andeuteten, ist wahr!"
Heinrich erschrak. Anno hatte ihn gestern vor der Möglichkeit von Verrätern gewarnt – Agenten des falschen Papstes in seinen eigenen Reihen. Diese Möglichkeit bestand fortwährend, und darum hatte Heinrich ihr auch nicht besonders viel Aufmerksamkeit geschenkt. Doch natürlich war gerade jetzt, während sich seine Feinde auf der anderen Rheinseite berieten, die Gefahr groß, dass einer seiner Männer Informationen unter der Hand weitergab.
„Wir haben nun Beweise, die unseren Verdacht bestätigen. Wir konnten ein Schreiben abfangen, das aus Oppenheim geschmuggelt werden sollte. Hier, seht selbst." Er reichte Heinrich ein Stück Pergament, doch dieser konnte die Zeichen darauf nicht lesen.
„Es ist verschlüsselt, Eure Königliche Hoheit", sagte Anno. „Unsere Kryptographen haben es jedoch entschlüsseln können." Er reichte ihm ein weiteres Schriftstück. „Ihr seid in Gefahr, Eure Königliche Hoheit! Hier ist die Rede von einem Attentat, das verübt werden soll, um Euch endgültig zum Schweigen zu bringen!"
Heinrich überflog die Übersetzung und schluckte. Wenn das stimmte, war er sich seines Lebens nicht mehr sicher. Er blickte zu den kostbaren Glasfenstern, gegen die nun der Regen prasselte. Es wunderte ihn nicht, dass man ihm nach dem Leben trachtete. Einige seiner Feinde hassten ihn vermutlich so sehr, dass auch sie nicht auf einen Entschluss der Gesandten in Trebur warten würden, sondern handeln wollten.
Heinrich dachte zurück an Utrecht, an seine Feier des Osterfestes, bei der zuerst der Bischof gestorben und dann auch noch die Kathedrale bei einem Gewitter abgebrannt war. Es ging hier nicht nur um sein eigenes Seelenheil, sondern auch das vieler anderer. Der Sturm war eine Warnung des Herrn! Draußen grollte ein Donner. Er erschrak. „Es sind

meine Sünden", stieß er hervor. „Ich habe Gott erzürnt."
Hugo von Cluny blickte ihn bestürzt an. „Aber ihr habt die letzten Wochen kaum etwas anderes getan als gebetet!"
„Offensichtlich nicht genug!" Heinrich stockte. Lange war nur das Prasseln des Regens und das Knacken der Holzscheite im Kamin zu hören. Vor den Fenstern wurde es noch dunkler.
Anno von Köln räusperte sich schließlich.
„Mein König, darf ich Euch einen Vorschlag unterbreiten?"
„Sprecht!"
„Es gäbe vielleicht eine Möglichkeit, Euren Wunsch nach Buße und Eure Sicherheit miteinander zu vereinbaren. Hier in der Nähe soll es ein abgelegenes Kloster geben, dessen Mönche in dem Ruf stehen, ganz besonders fromm zu sein. Dorthin könntet Ihr Euch einige Tage zurückziehen. Niemand wird Euch dort erkennen. Bis die Beratungen in Trebur abgeschlossen sind, wird sicherlich noch mindestens eine Woche vergehen."
Heinrich schüttelte den Kopf.
„Meine Abwesenheit in dieser kritischen Zeit wird bemerkt werden."
„Nicht, wenn wir sie verheimlichen."
Der König blickte seine Berater an. Einer nach dem anderen senkte ergeben den Kopf. Anno hatte Recht – sie würden schweigen.
„Gut", sagte der König schließlich. „Ich breche sofort auf."
Ein Donner, lauter als zuvor, ließ alle im Raum zusammenfahren.
„Es scheint mir der Wille Gottes zu sein." Fast hätte Heinrich gelächelt. „Beschreibt mir den Weg zu diesem Kloster!"

Als der König in tiefer Dunkelheit schließlich zitternd an die große, hölzerne Pforte klopfte, war die Entschlossenheit, die er im Oppenheimer Ratssaal verspürt hatte, wie vom Regen hinfort gespült. Zwar war Gott mit ihm gewesen und hatte ihn in diesem Unwetter wohlbehalten an sein Ziel geleitet, doch hatten ihn den gesamten Weg lang Hunger und Kälte begleitet. Von Gewitter, Sturm und Hagel durchnässt bis auf die Knochen, war er durch die hügeligen Wälder geeilt. Sein Wollumhang hatte schließlich den tobenden Elementen nicht mehr standhalten können. Ganz auf sich allein gestellt, hatte er an jeder der vereinzelten Köhlerhütten nach dem Weg fragen müssen. Heinrich war sich sicher, noch nie einen solch abgelegenen Ort aufgesucht zu haben.

Das Tor vor ihm öffnete sich quietschend einen Spaltbreit, und hinter einer Eisenkette konnte er im Schein einer Laterne ein breites, blasses Mönchsgesicht erkennen.

Da Heinrich sich vorgenommen hatte, seine Identität geheim zuhalten, sprach er weniger ausgewählt als üblich.

„Gott sei Dank, guter Mann, ich dachte schon, ich müsste bei dem Wetter im Freien übernachten! Habt Ihr ein warmes Feuer und einen bescheidenen Lagerplatz für einen armen Sünder?"

Der Mönch musterte den Reisenden, nickte und entriegelte die Tür.

In der Abtei war es nicht so warm, wie Heinrich gehofft hatte. Der Wind blies durch die steinernen Mauern hindurch und wurde hier zu einem gespenstischen Pfeifen. Es war wichtig, seine Tarnung nicht auffliegen zu lassen und ruhig zu bleiben. Die Schritte seiner Lederstiefel hallten von den Klostermauern wider.

„Mein Name ist Heinrich", sagte er, als er dem Mönch durch schier endlose Steinflure folgte. Sein Gastgeber erwiderte nichts.

„Gibt es die Möglichkeit, noch heute hier zu beichten?"

Der Mönch verharrte in seinen Bewegungen. Langsam drehte er sich zu Heinrich um. Das flackernde Kerzenlicht spiegelte sich in seinen Augen.

„Natürlich – wenn Ihr das wollt ..."

Etwas an seinem Ton mißfiel Heinrich. Dennoch nickte er. Ihm war kalt. Der Mönch vor ihm setzte sich wieder in Bewegung. Der König folgte ihm zögernd. Nach einer Zeit, die Heinrich wie die Ewigkeit vorkam, erreichten sie den Schlaftrakt. Heinrich bekam eine kleine, schlichte Zelle zugewiesen. Durch das nur mit Leinstoff bespannte Fenster drang leichter Sprühregen. Ein Kohlebecken oder einen Kamin konnte der König nirgendwo ausmachen. Er fror immer noch. Heinrich entledigte sich rasch eines Teils seiner nassen Kleidung und folgte dem Mönch dann erneut durch eine Vielzahl von labyrinthischen Gängen zu einer schlichten Kapelle, in der eine große Anzahl von kleinen, dünnen Kerzen warmes Licht verbreiteten. Unwillkürlich atmete Heinrich auf. „Wartet hier", sagte der Klosterbruder. „Unser Abt wird bald hier sein, um Eure Beichte abzunehmen." Er verschwand in der Dunkelheit der Gänge, ohne dass seine Schritte das geringste Geräusch verursachten. Heinrich wartete. Im gesamten Kloster herrschte eine seltsame Stille. Sie waren auf Ihrer Wanderung nicht einem einzigen weiteren Mönch begegnet. Wo sich die Brüder wohl aufhielten? Heinrich versuchte vergebens, seine klammen Finger an den Kerzen zu wärmen. Dies musste der bestmögliche Ort für eine Zwiesprache mit Gott sein. Dennoch verwirrten Kälte und Einsamkeit seine Sinne. Er fühlte sich einfach nicht richtig wohl. Ob Gott sich bewusst für diesen verlassenen Ort entschieden hatte, um ihn auf die Probe zu stellen?

Nach einer Ewigkeit sah er in der Dunkelheit der Gänge ein schwaches Licht, das sich langsam auf ihn zubewegte. Das Licht wurde deutlicher, und schließlich nahm Heinrich schemenhaft eine Gestalt wahr, die sich mit einer Kerze in der Hand auf ihn zubewegte. Quietschen von Ledersohlen und das Rascheln von Stoff war zu hören; der Mann watschelte aufgrund seiner Körperfülle eher, als das er ging.
„Ah, da haben wir ja unseren Gast", erklang seine hohe Stimme. „Ihr wollt beichten?"
„Ehrwürdiger Vater." Heinrich neigte den Kopf. Plötzlich wusste er nicht mehr, wie gewöhnliche Menschen sich einem Abt gegenüber verhielten. Sollte er sich verbeugen?

Demütig schlug er die Augen nieder. „Habt Dank für Eure Gastfreundschaft. In der Tat bin ich ein armer Sünder, der hofft, Gottes Gnade durch Euch zu erfahren." Der Abt musterte ihn prüfend, doch seine Augen schienen seltsam teilnahmslos.

„So erzählt mir, was Euch bedrückt, mein Sohn."

Heinrich sah sich um. „Hier? Ich sehe keinen Beichtstuhl."

„Die Kirche ist durch Vorbereitungen zu einer Feierlichkeit belegt", erwiderte der Abt mit seiner merkwürdig hohen Stimme. „Wir werden hier sprechen – oder gar nicht."

„Feierlichkeiten?" Heinrich fand die Vorstellung an diesem stillen und dunklen Ort befremdlich.

„Ganz recht. Worüber wünschst Du zu sprechen, mein Sohn?"

Heinrich stockte. Er dachte an seine Zweifel, seine Verantwortung, hörte den Bruder an der Pforte bei seinem Eintritt etwas murmeln. Die Stimme des Abtes hallte in seinen Ohren wider: Mein Sohn, mein Sohn, mein Sohn. Der König fühlte sich mit einem Male, als sei er Zuschauer einer Theateraufführung. Er spürte, dass dieser Abt nicht im Bund mit Gott stehen konnte. Irgendetwas war nicht richtig. Er entschloss sich, nichts von seinen Zweifeln und Qualen verlautbaren zu lassen, sondern erzählte nur einige allgemeine Begebenheiten, die ebenso gut einem niederen Adeligen im Streit mit seinen Vasallen hätten passieren können.

Der Abt nickte schließlich. „Bete zehn Vaterunser, und Deine Sünden seien Dir vergeben."

„Danke, Euer Hochwürden."

Der Abt wandte sich zum Gehen.

„Vater?"

„Ja?"

„Wie komme ich nun wieder zu meiner Zelle?"

„Bete Du erst einmal. Ich werde nach Joshua schicken, dass er Dich abhole." Ohne ein weiteres Wort nahm der Abt seine Kerze und verschwand in dem Gang, durch den er gekommen war.

Das Quietschen seiner Schritte war noch eine Weile zu hören, dann war Heinrich wieder alleine. Er wandte sich zu dem Bild des gekreuzigten Jesus, das über den Kerzen hing, und begann zu beten.

Bei über dreißig hatte Heinrich schließlich aufgehört, die Vaterunser zu zählen. Joshua war noch immer nicht aufgetaucht. Heinrich war kalt; die Kerzen schienen nach und nach zu verlöschen. Dem König wurde bewusst, wie alleine er hier war; zum ersten Mal musste er ohne Berater, ohne Freunde und Familie auskommen. Ein mulmiges Gefühl machte sich in seiner Magengegend breit. Etwas stimmte hier einfach nicht. In dem kleinen Raum voller Schatten meinte er fast, zu träumen.
Vielleicht bildete er sich das alles auch ein. Waren nicht alle hier freundlich zu ihm gewesen? Vielleicht sollte er sich einfach hier auf den Fußboden legen und ein wenig ausruhen. Danach würde es ihm sicherlich wieder besser gehen.
Da hörte er den Gesang. Zuerst meinte er, das Heulen des Windes habe zugenommen, und schenkte ihm keine Beachtung. Doch dann konnte er einzelne Stimmen ausmachen, hohe und tiefe. Er lauschte, und ein Windzug ließ ihn frösteln. Was war das für ein Gesang? So etwas hatte er noch nie in seinem Leben vernommen. Kein ihm bekanntes Gotteslob war je auf diese Weise intoniert worden. Es klang ... unirdisch, irgendwie dieser Welt nicht zugehörig, und schien aus zahllosen Kehlen zu kommen. Je genauer er zuhörte, desto kühler schien es in der Kapelle zu werden. Die Lichter verlöschten nun schneller – oder kam ihm das nur so vor? Der Gesang war kaum in Worte zu fassen. Anders - düster, kalt, schwer.
Er passt zu diesem Ort, dachte er unwillkürlich. Ob das zu den Feierlichkeiten gehörte, die der Abt erwähnt hatte? Vielleicht handelte es sich um eine besondere Form der Buße? So oder so wollte er keinesfalls daran teilhaben. Doch was sollte er tun? In Bälde würde auch die letzte Kerze hier verlöschen, und ohne Licht konnte er den Weg

zu seiner Zelle nicht finden. Kurzentschlossen nahm er die Kerze, die noch am wenigsten heruntergebrannt war, und versuchte sich in Erinnerung zu rufen, aus welcher Richtung er gekommen war. Er folgte vorsichtig einem Gang, dann dem nächsten. An einer Steintreppe hielt er sich rechts, aber kaum war er um die nächste Ecke gebogen, schien es ihm, als wären er und der Mönch vorhin doch ganz sicher noch von links gekommen. Er wendete sich nach links, fand den Gang jedoch in eine verschlossene Holztüre mündend. Die Kerze in seiner Hand war mittlerweile fast komplett heruntergebrannt. Er hatte die Orientierung verloren! Fast hätte er aufgeschluchzt. War denn hier niemand?

Da vernahm er den Gesang erneut. Er kam von unterhalb. Er schlich eine Treppe hinab und folgte den sonderbaren Tönen schließlich noch eine weitere Steintreppe nach unten. Der Gang wurde breiter, und Heinrich meinte, den Gesang nun deutlicher zu hören. Fast hätte er umgedreht. Gott auf diese Weise zu huldigen, das war blasphemisch!

Die Geräusche führten ihn zu einer schweren, hölzernen, doppelflügeligen Tür. Sie war verschlossen. Konnte das der Kirchenraum sein?

Der Gesang hörte so unvermittelt auf, dass Heinrich sich unwillkürlich umsah. Ihm war doch niemand gefolgt?

Nein, hinter ihm befand sich nur Dunkelheit. Nun vernahm er von drinnen die Fistelstimme des Abtes.

„Meine Freunde! Es ist mir eine Freude, dass wir heute hier zusammengekommen sind, um unsere Feier gemeinsam zu begehen!“ Etwas jagte Heinrich einen kalten Schauer über den Rücken. Er war sich sicher: Hierbei konnte es sich nicht um einen gewöhnlichen Gottesdienst handeln. Doch was hatten diese falschen Gottesdiener vor?

Vorsichtig und ganz langsam, um kein Geräusch zu verursachen, schob er die eine Türhälfte einen Spalt auf – und erstarrte. Hatte die Türe gequietscht? Nichts passierte, und er atmete auf. Heinrich sah den Abt am Altar stehen. Er schaute genau in seine Richtung, aber offenbar hatte er ihn nicht bemerkt. Der König blickte in eine kleine Klosterkirche – oder zumindest in das, was davon noch übrig war. Der Altar, die Beichtstühle, die Kirchenbänke, ja sogar das Kreuz waren mit blutroten Tüchern verhangen. Dazu brannten unzählige Kerzen in großen Messingständern, in denen sich das Rot der Tücher spiegelte. Es sah aus, als befänden sich die rund 30 Mönche, die Heinrich den Rücken zuwandten und zum Altar schauten, in einem Meer von Blut! Er schluckte. Es war warm in dem kleinen Raum und roch merkwürdig. Auf dem Altar befanden sich mehrere Apparaturen, wie Alchemisten sie zu nutzen pflegten. Aus einigen stieg dicker Qualm auf. Unwillkürlich begann Heinrich zu zittern.

„Es freut mich, dass ihr alle hier zusammengekommen seid, um mitzuerleben, wie wir vor Gottes Gnaden heute unsere Visionen Wahrheit werden lassen. Endlich ist es so weit! Lobet und preiset den Herrn!"

„Lobert und preiset den Herrn!" echote der vielstimmige Chor der Mönche. Heinrich wurde schwindelig.

„Brüder, ihr alle kennt unseren tollkühnen Plan, mit dem wir die letzte Zutat, das Königsblut, erhalten wollten. Durch unsere Freunde wollten wir den König in Oppenheim ermorden lassen."

Heinrich erstarrte. Sie waren es also, die ihn ermorden wollten? Weil diese Wahnsinnigen sein Blut brauchten?

„Doch nun hat Gott es gefügt, dass sich König Heinrich höchstselbst zu uns gesellt hat." Der Abt machte eine Pause. Nun schien er direkt zu Heinrich zu blicken. Dieser stand wie versteinert an der Kirchentür. Lauf!, schrie etwas in ihm, doch seine Glieder waren wie gelähmt.

Der Abt sprach weiter. „Wir sind uns sicher, dass es sich bei unserem neuen Gast um den König persönlich handelt, obwohl er versucht hat, seine Abstammung zu verbergen. Gott hat ihn direkt zu uns geführt! Jetzt in diesem Moment steht er vor den Türen und lauscht seinem Schicksal!"

Da wandten sich die Mönche zu ihm um. Heinrich fühlte sich noch immer bewegungsunfähig.

Die Verräter, die seinen Tod wollten, kamen gar nicht von der anderen Rheinseite, aus den Reihen des Papstes und seiner Getreuen - sie stammten aus diesem Kloster! Und er hatte sich wie ein Lamm auch noch freiwillig zur Schlachtbank begeben ... In Heinrichs Ohren rauschte es.
„Er kann uns nicht entkommen", sprach der Abt von der Kanzel. „Ergreift ihn!"
Die Mönche begannen ohne Hast, sich von ihren Plätzen zu erheben und in seine Richtung zu schreiten. Der König blickte in ihre Gesichter und sah darin jene Teilnahmslosigkeit, die er auch schon beim Abt wahrgenommen hatte. Er begriff immer noch nicht genau, was hier vor sich ging. Träumte er? Als würde nicht er seinen Körper steuern, warf er die fast abgebrannte Kerze durch die Kirchentür auf eines der Tücher. Das Tuch fing unmittelbar an, zu qualmen. Dicker, schwarzer Rauch zog Richtung Decke. Die Mönche begannen zu rennen. Da schlug Heinrich die Tür zu, sah den schweren, hölzernen Riegel und schob ihn vor die Tür, als auch schon das erste wütende Hämmern von drinnen zu hören war.
Er lief, so schnell, wie er noch nie in seinem Leben gerannt war, durch unzählige dunkle Gänge, vorbei an großen Sälen und kleinen Zellen, bis er schließlich irgendwann den Kreuzgang erreichte. Erst hier fiel ihm auf, dass ihm niemand folgte. Hier war er hineingekommen! Er verließ das Kloster durch die gleiche Pforte, durch die er es betreten hatte. Draußen hatte der Sturm sich gelegt und der Regen aufgehört. Heinrich nahm den rötlichen Schein wahr, der aus dem Westflügel des Klosters drang. Der Geruch von verkohltem Holz wehte zu ihm herüber. Er blieb schwer atmend stehen. Es war, als würde etwas in der Welt wieder an seinen Platz gerückt. Langsam schien er wieder er selbst zu werden. Seine Sinne kehrten zurück. Nun hörte der König Hilferufe und Schreie. Wie gebannt schaute er auf das rote Glühen. Ihm war, als würde es sich ausbreiten. Konnte die Klosterkirche wirklich nur den einen Ausgang haben? Hatte er tatsächlich alle Klosterbrüder in eine

qualmende, brennende Kirche gesperrt? Da hörte er den Knall und sah etwas Großes, Helles. Eine Explosion!
Er lief los, ohne sich noch einmal umzuschauen. Heinrich rannte durch den dunklen Wald, so schnell ihn seine Füße trugen, lief um sein Leben, seinen Verstand. Hatte er soeben alle Brüder eines Klosters mit einem Schlag getötet? Konnte das Gottes Wille sein? Tränen liefen ihm über die Wangen.

Heinrich erinnerte sich später nicht mehr daran, wie er wieder nach Oppenheim gekommen war und auch nicht, wie er seinen Getreuen den Befehl zum Aufbruch gegeben hatte. Von einem Fieber war die Rede und von wirren Erzählungen. Es hieß, der König sei im Kloster ernsthaft erkrankt. Er handelte in den folgenden Tagen und Wochen oft wie von einer fremden Macht gelenkt. Manchmal war er tagelang kaum ansprechbar. Doch seine Freunde und Berater hielten zu ihm und taten, was er verlangte. Erst als sie kurz vor Weihnachten die Alpen erreichten, drangen die Fragen seiner Getreuen bis zu ihm durch.
„Ihr wollt dem Papst wirklich über die Alpen entgegenziehen? Es ist Winter, mein König ..."
„Ja", erwiderte Heinrich, seltsam klar. „Ich habe so viel Schuld auf mich geladen, dass ich nicht weiß, ob noch die demütigendste Handlung meine Sünden reinwaschen kann. Wenn mir jemand die Beichte und diese schwere Schuld abnehmen kann, dann der Papst. Das möchte ich ihm so leicht wie möglich machen."
„Es geht also nicht um Politik?"
„Es geht immer um Politik! Und nun sollten wir aufbrechen. Hinter den Alpen, bei Canossa, wird meine Base uns empfangen können. Wenn Gott mit uns ist, wählt der Papst von Italien kommend auch diese Route, und wir werden ihn bereits dort treffen."
„Ganz wie Ihr wünscht, mein König."

Die Beichte

Es war kalt im Thronsaal. Kein Wunder, dachte Eleonore, als sie sich fröstelnd umsah. Ein Feuer war hier schon lange nicht mehr entzündet worden, und selbst die seidenbestickten Gobelins hielten die Winterkälte, die von außen in das Gemäuer drang, nur unzureichend ab.
Doch das kümmerte sie nicht – nicht heute. Es gab Wichtigeres. Bei dem Gedanken daran begann ihr Herz, schneller zu schlagen.
Der Kammerjungfer entging ihr leichtes Zittern nicht.
„Fühlt Ihr Euch nicht wohl? Soll ich Euren Mantel bringen lassen, Hoheit?"
Eleonore schüttelte vorsichtig den Kopf. Es fiel ihr schwer, den Hals nicht zu schnell zu bewegen, doch nur so konnte sie ihren Kopfputz vor dem Verrutschen bewahren. Aus Burgund, hatte ihre Schneiderin gesagt. Ein wenig abgeändert, um eine neue Mode zu kreieren. Sie sah schon die Schar der Hofdamen vor sich, alle mit diesen übergroßen Hüten. Nicht praktisch, aber stilvoll. Es war auch modisch an der Zeit für eine neue Ära.
„Nein, lass nur, Maria", sagte Eleonore und bemerkte den Hall. Die Fliesen warfen ihre Stimme vom Boden zurück. Klang sie etwa heiser? Anders als sonst? Sie durfte sich nichts anmerken lassen! Sie räusperte sich. „Ich habe weiß Gott genug an diesem Tand zu tragen." Geringschätzig fuhr sie mit ihrer beringten Hand über die Lagen aus mit Gold durchwirktem Seidenstoff.
„Majestät, Euer neues Kleid steht Euch vorzüglich! Das Blau harmoniert so wunderbar mit dem Eurer Augen ..."
Wie immer konnte Eleonore auch jetzt nicht sagen, ob die Bedienstete das Kompliment ehrlich meinte oder nur besonders überzeugend log. Zum Glück wusste sie, dass sie wirklich gut aussah. Jeder der zahlreichen Spiegel in ihrem Ankleidezimmer hatte ihr das heute Morgen zugeflüstert, und das Raunen, das durch die Reihen der

Hofdamen gegangen war, als sie vorhin den Saal betreten hatte, sprach seine eigene Sprache.
Ein Klopfen auf dem Steinboden riss sie aus ihren Gedanken. Der König kam aus der ihr gegenüberliegenden Tür in den Thronsaal. Wie üblich stützte er sich schwer auf seinen Gehstock aus Elfenbein, und wie üblich rannen die Schweißperlen unter seiner Kopfbedeckung hervor. Nach einer so kurzen Strecke! Im Winter! Der alte Mann wollte einen Krieg mit Spanien verhindern, wo es da doch so viel zu holen gab! Manchmal tat er ihr regelrecht leid. Sigismunds Blick wanderte im Raum umher, dann blieb er an ihr hängen. Seine kleinen, schwarzen Schweinsäuglein schienen direkt ihr Herz zu fixieren.
Wenn Du mich umbringen könntest, dachte Eleonore, dann hättest Du es längst getan, Du alter Schlappschwanz. Langsam und würdevoll schritt sie auf ihn zu. Du tust es nur nicht, weil Du Dich nicht traust. Sie war sich der Blicke der Höflinge in ihrem Rücken bewusst. Sie waren wie Speere, die sich in ihren Rücken bohrten. Im Saal war es ganz still geworden. Das war ihr Auftritt. Jeden Sonntag.
Auch der König bewegte sich nun schwerfällig in die Saalmitte. Tock tock tock machte sein Stock auf den kunstvoll verzierten Fliesen. Der Rhythmus war viel zu langsam, um mit ihr Schritt zu halten. Damit sie ihn erst genau in der Mitte des Saales erreichte, verlangsamte Eleonore ihren Gang. Niemals hätte sie ihm den Gefallen getan, auch nur einen Schritt mehr auf ihn zuzugehen als nötig. Sie trafen sich exakt in der Mitte des quadratischen Raumes. Die Königin schaute ihren Mann an: Rund wie ein Bierfass, hochrot im faltigen Gesicht, die wenigen verbliebenen grauen Haare gut sichtbar in die Stirn gekämmt. Sein Pfannkuchengesicht verzog sich zu einem freudlosen Lächeln.
„Gut siehst Du aus, meine Liebe", sagte er laut und küsste ihr umständlich die Hand.
Sie quittierte die Höflichkeit mit einem artigen Knicks.
„Wollen wir nun in die Messe gehen, meine Teuerste?"

Seine Stimme piepste in ihren Ohren. Sie hätte auch ein Ferkel vor sich haben können, klein, rosa, und mit einem Ringelschwänzchen. Mit dem Unterschied, dass das Ferkel wenigstens niedlich gewesen wäre.
„Aber natürlich, mein Bester", flötete sie ohne jede Anstrengung und legte ihre Hand auf die dargebotene seine. Gemeinsam schritten sie durch den Saal. Hinter Eleonore brach das übliche Gerangel darüber aus, wer ihr an diesem Tag die Schleppe halten durfte, doch sie beachtete es nicht. Als die Diener die große doppelflügelige Tür auf den Hof öffneten, schlug ihr die Kälte mitten ins Gesicht. Am liebsten wäre sie umgekehrt. Hätte irgendein Leiden vorgetäuscht und sich zurück in die Behaglichkeit ihres Zimmers geflüchtet, in dem ein Kaminfeuer brannte und man sich die Hände an den Kohlebecken wärmen konnte. Schnee knirschte unter ihren neuen Schuhen, als sie die wenigen Schritte bis zur Kapelle ging. Auf dem kahlen Baum im Innenhof krächzte ein Rabe.
Zwei Diener liefen vor, um ihnen die Tür zu öffnen. In ihren bunten Gewändern und mit den braunen Hüten wirkten sie wie zu groß geratene Hunde. Vor der Kapelle war ihr Sohn zu sehen, der sie freudig lächelnd erwartete. Ihr Junge! Mit seinen fünfzehn Jahren war er zwar offiziell lange erwachsen, aber für sie würde er ewig Kind bleiben. Sie entwand sich dem Arm des Schweines neben ihr und eilte auf ihn zu. Bald würde er König sein, bald schon würde er einen lohnenden Krieg führen – und sie würde ihn dabei lenken. Die Meute hinter ihnen kam zum Stehen.
„Eduard, mein Lieber!" Mit aller gebotenen Vorsicht zog sie den schlaksigen Jungen zu sich heran und drückte ihn an ihre Brust. Sie senkte ihr gepudertes Gesicht in sein nach Lavendel duftendes Haar und flüsterte: „Hast Du den Dolch? Ist alles bereit?" Dann gab sie ihn frei.
Der Junge strahlte sie immer noch an. Das hatte er immer schon getan. Sie verstanden sich einfach.
„Mir äh … geht es prächtig ... Eure Ho- ho-hoheit", stotterte er und nickte dabei fast unmerklich. Sie lächelte, so sehr

sie es vermochte. Das Stottern würde sie ihm schon noch austreiben. Ein König konnte sich etwas so Kindisches nicht erlauben. Wenn Sie erst … Sie zwang sich zur Ruhe und bedeutete ihrem Sohn, voran in die Kirche zu gehen. Mittleweile schlug ihr Herz fast zum Zerspringen. Diesmal würde es funktionieren. Der Plan war makellos!

Während der Messe saß Eduard neben ihr. Seine Frau, die ehemalige Gräfin Brunhilde aus Burgund, war noch immer an das Kindbett gefesselt und würde die heilige Kommunion in ihrem Zimmer empfangen. Auch deshalb war der Zeitpunkt perfekt. Niemandem würde es auffallen, wenn ihr Junge nach der Messe für kurze Zeit im Trubel verschwunden war. Sie bekam kaum mit, was der Priester vor ihr sagte. „Pax vobiscum", intonierte er, und mechanisch tat sie es ihm nach. Es roch nach dem frischen Tannengrün, das man auf dem Boden ausgelegt hatte, und dem üblichen Weihrauch. Sie griff nach Eduards Hand und drückte sie. Der Druck wurde erwidert, dann die Hand schnell losgelassen. Armer, schüchterner Junge! Ihr Blick fiel auf den Altar. Wie der Sarg dort vorne wohl aussehen würde? Sie blickte auf das Gewand des Priesters. Es war schwarz, wie zu einer Beerdigung. Das würde er gar nicht erst ausziehen brauchen. Ihre Gedanken glitten in die Vergangenheit. Was hatte sie nicht alles versucht, um diesen trotteligen, lästigen und viel zu friedvollen König von den Lebenden zu den Toten zu befördern! Während ihr zwei Zofen halfen, das Kleid um die Bank so zu drapieren, dass sie sich hinknien konnte, dachte sie an vergiftetes Essen, das einen Mundschenk das Leben gekostet hatte und an toxisches Badewasser, das Sigismund dann aus einer Laune heraus doch nicht genutzt hatte, an einen deutschen Meuchelmörder, der beim Herumschleichen in der Burg erwischt worden war und an den Jagdunfall, bei dem ein verirrter Pfeil ihren Gemahl nur um Haaresbreite verfehlte. Könige standen seit ihrer Geburt mit einem Fuß im Grab, das war schon immer so gewesen.

Ein leichter Schubs von rechts brachte sie in die Gegenwart zurück. Sie sah, dass der Priester ihr nun die Kommunion hinhielt. Gehorsam ließ sie sich die dargebotene Oblate auf die Zunge legen. Aber heute, heute würde es funktionieren! Sie schluckte das trockene Gebäck hinunter und setzte sich. Erst letzte Woche hatte Maria aufgeregt berichtet, dass im der Kapelle angrenzenden Stall ein Durchgang zu einem der Beichtstühle gefunden worden war. Der Beichtstuhl war der perfekte Ort. So symbolisch!

Nach der Messe warteten Sigismund und sie, bis alle Höflinge die Kapelle verlassen hatten und sie alleine waren. Das Beichtgeheimnis war heilig und sollte nicht belauscht werden. Mittlerweile klopfte Eleonores Herz so laut, dass sie meinte, ihr Mann müsse es hören. Doch Sigismund sah sie, auf seinen Stock gestützt, nur unverwandt an. Manchmal hatte er diesen Blick, in dem so viel lag, das Eleonore nicht deuten konnte. Ob er etwas ahnte? Er konnte nichts ahnen! Nur Eduard war eingeweiht, und der würde ihn ja schließlich töten. Mit dem Dolch im Beichtstuhl. Durch das Gitter hindurch. Sie hatten es sogar einmal geübt, damit nichts schief gehen konnte.
Der Priester trat auf den König zu. Seine Stimme war leise, der Rücken gebeugt.
„Nun bitte, Eure Hoheit, die Beichte ..." Es dauerte eine gefühlte Ewigkeit, bis Sigismund es schaffte, sich umzudrehen und dem Priester zum Beichtstuhl zu folgen. Sie hörte das Tock Tock seines Stocks, sah ihm aber nicht nach.
Die Stimme des Priesters war auf einmal dicht an ihrem Ohr. „So Ihr mögt, Eure Hoheit, könnt Ihr Euch gerne in den zweiten Beichtstuhl zurückziehen und dort noch ein Gebet sprechen, bevor ich bei Euch bin."
Na so etwas? Das war nicht vorgesehen! Eigentlich wartete sie immer auf der Bank, bis ihr Mann den Beichtstuhl wieder verließ. Doch warum nicht? Sie nickte kurz und erhob sich ebenfalls. Der Vorhang zum ersten Beichtstuhl war zugezogen.

Sie lauschte unwillkürlich, konnte aber nichts hören. Genau, wie es abgemacht war.
Der Priester würde sich wundern, wenn er dem König gleich die Beichte abnehmen wollte! Sie dachte voller Genugtuung daran, wie er Sigismunds Schweigsamkeit tadeln würde – bis ihm der rote Fleck im Brustbereich des Mannes auffiele, der sich stetig vergrößerte …
Sie nahm in dem engen Beichtstuhl Platz, der eindeutig nicht für ihren Kopfputz gemacht worden war. Mit einer Hand musste sie ihn festhalten, während sie ihren dünnen Körper in die Bank zwängte. Ihr Kleid verhakte sich dabei an einem Splitter im Holz. Mit einem Ruck zerrte sie daran, um den Stoff zu befreien, und hörte ein reißendes Geräusch, bevor die Falte ihren Widerstand aufgab. Noch immer kein Schrei. Ihr Mann musste jetzt doch bereits tot sein. Sie zog den blutroten Vorhang vor ihre Kabine. Wann bequemte sich dieser dumme Priester nur, den Toten endlich zu entdecken? Sie blickte durch das Gitter. Eine Gestalt saß ihr nun gegenüber, breit und massig, doch es war zu dunkel, um mehr zu erkennen.
„Herr ...", wollte sie fragen, denn das war ganz und gar nicht der Schemen des Priesters, den sie kannte, doch plötzlich war ihr sein Name entfallen. Da beugte sich die Gestalt vor und sie erkannte im Dämmerlicht das massige, bleiche Gesicht Sigismunds.
„Oh mein Gott, ein Geist!", stieß sie hervor und wollte den Beichtstuhl verlassen. Da kam etwas aus dem Holzgitter. Seine fleischige Hand legte sich auf ihre. Die Schweinsäuglein funkelten böse. Er war es wirklich!
„Aber wie ..." Mehr brachte sie nicht heraus.
„Schön hiergeblieben, meine Teure!", sagte er. Der Griff um ihre Hand wurde fester. Sie hatte plötzlich das Gefühl, keine Luft mehr zu bekommen. Sie wollte schreien, weglaufen, ohnmächtig werden, doch nichts von alledem geschah. Eleonore saß auf der gepolsterten Bank wie festgefroren.
„Eduard hat mir gebeichtet", sagte Sigismund, bevor er ihr den Dolch in das Gewand stieß.

Die Blumen von gestern

Als ich ein Kind war - eine Ewigkeit scheint es her –, war ich hübsch. Zumindest sagten mir das die Leute. Ich war auch nett und lieb und vermutlich ein wenig naiv, wie das so ist mit Mädchen, die wohlbehütet aufwachsen. Ich mochte mein Zimmer und unser Haus und spielte am liebsten mit mir alleine.

Irgendwann – es muss kurz nach meinem achten Geburtstag gewesen sein – wurde ich mutiger und durchforschte sämtliche Räume des Hauses. Vom Keller bis zum Dachboden kroch ich in alle Ecken des Hauses. Ich ging behutsam vor, damit die Erwachsenen nicht mitbekämen, was ich trieb. Bis heute bin ich sicher, dass sie es nicht merkten. Was für seltsame Dinge ich entdeckte! Besonders die Orte, die nur wenige Menschen jemals aufsuchten, erschienen mir am interessantesten. Oft verweilte ich lange dort.

Als ich älter wurde, und die Männer langsam begannen, mehr in mir zu sehen als eine Tochter aus gutem Hause, weitete ich meinen Spielraum aus. Ich verließ das Haus, stromerte die Wege entlang, erkletterte Bäume und entdeckte so schließlich den Blumengarten. Es war nicht einfach nur irgendein Garten. Er wurde mein ganz persönlicher, wundervoller Blumengarten. Als ich ihn das erste Mal erblickte, wirkte er ein wenig verkümmert. Still und versteckt lag er in einer fast schon verwunschenen Ecke. Wie lieblich er duftete! Mit Neugier begann ich, ihn zu erforschen und kümmerte mich liebevoll um den Blumengarten.

Und ach! Als ich ihn einmal entdeckt hatte, schien er gar nicht mehr aufhören wollen, zu blühen. Fast jeden Tag besuchte ich ihn und verbrachte meine wonnigsten Stunden dort. Er war mein Geheimnis. Ich erzählte niemandem von meiner neuen Leidenschaft. Unter meinen immer geübteren Händen begannen die Blumen so wundervoll zu blühen wie noch nie.

Eines Tages besuchte ein fremder Mann unser Haus. Er war jung, doch sein Blick war alt. Er musterte mich, bis ich unter seinem Blick erschauderte. Er sagte, so ein schönes Mädchen wie mich habe er noch nie gesehen. Er roch an meinem Haar und sprach von Rosen. Ich nahm an, er sei Gärtner von Beruf. Oft traf ich ihn beim Essen, manchmal auch auf den Fluren des großen Hauses. Er machte mir Komplimente, die mich erröten ließen. Mit der Zeit aber fasste ich Vertrauen zu ihm. Ich führte ihn zu einigen meiner geheimen Orte. Er war sichtlich beeindruckt. Ich fühlte mich sehr erwachsen. Wir verbrachten mehr Zeit zusammen, und schließlich zeigte ich ihm sogar meinen Blumengarten. Ach, wenn ich doch nur gewusst hätte, wo das enden würde! Aber meine Eltern hatten mich auf eine solche Begegnung nicht vorbereitet. Der Fremde war sehr angetan von dem, was er sah. Er entpuppte sich nicht nur als geübter Gärtner, sondern sogar als wahrer Blumenfreund. Er half mir, meinen Garten noch besser und intensiver als je zuvor zum Blühen zu bringen. Selbst die schüchternsten Knospen brachte er mit seinen erfahrenen Händen zum Blühen und vergaß hernach auch nicht, sie ordentlich zu begießen. Er bereitete mir viel Freude. Doch dann, eines Tages, war der Mann einfach fort. In der Folgezeit sollte ein Samen, den er gepflanzt hatte, prächtiger aufblühen auf als alle Pflanzen, die ich zuvor gekannt hatte.

In den ersten Tagen nach seiner Abreise war mir oft schlecht, ohne dass ich wusste, warum. In den Garten ging ich nicht mehr. Es wurde erst Herbst, dann Winter. Ich wurde älter. Heute blüht im Garten nichts mehr. Letztens habe ich meine Tochter dabei beobachtet, wie sie ihre ersten zögerlichen Schritte außerhalb des Hauses tat. Ich weiß, es kann nur noch eine Frage der Zeit sein, bis sie den Garten entdeckt. Ob ich sie warnen soll?

Die Strahlenburg

Als Graf von Leiningen gegen die Kutschenwand klopfte, geschah es zunächst so schwach, dass sein Kutscher auf dem Bock ihn durch den tosenden Wind hindurch nicht hörte. Erst, als beim dritten Versuch die Wucht einer Bodenwelle die Faust des Grafen ungewollt heftiger gegen die Kutschenwand prallen ließ, hielt der Kutscher an und kletterte eilig vom Kutschbock. Er riss die Wagentür auf, und ein Schwall kaltes Wasser gelangte ins Innere, ehe er sie wieder schließen konnte. Der Graf lag mit kalkweißem Gesicht auf den Polstern; seine offene Schulterwunde hatte einen Großteil des Stoffes besudelt.

„Hugo, ich kann nicht ...", röchelte er.

„Haltet durch, mein Herr Graf", sagte der Kutscher und versuchte unter seinem breiten, durchweichten Schlapphut einen optimistischen Gesichtsausdruck zu wahren. „Die Strahlenburg, von der ich an der Weggabelung las, ist ganz in der Nähe. Sie liegt auf einer Anhöhe und ist sogar bei diesem Wetter deutlich zu erkennen. Dort werdet Ihr gleich Hilfe erhalten!"

Schwach nickte der Graf.

„Aber was ...?" Ihm war der merkwürdige Unterton seines Dieners nicht entgangen. Hugo schwieg einen Moment, dann gab er sich einen Ruck. „Die Burg sieht bei diesem Wetter nicht besonders einladend aus, Herr Graf. Sie thront so düster über diesem endlosen Wald, und ihre Mauern scheinen so dunkel zu sein, wie ich es noch nie erlebt habe. Aber es ist gewiss nur der Sturm, der diesen Anschein erweckt. Ich denke, wir sollten rasch weiterfahren, damit wir sie bald erreichen."

Der Graf nickte erneut. „Dort werden Menschen sein, die mir helfen", flüsterte er. „Kaum zu glauben, in so einer gottverlassenen Gegend ... Mir ist so schlecht, Hugo, ich weiß nicht, wie lange ich noch ..."

In der Ferne war das Heulen eines Wolfes zu hören.

„Ich bringe Euch hin, mein Herr. Es ist nicht mehr lang, haltet durch!" Mit diesen Worten stieß der Kutscher die Tür erneut auf und ließ die Wucht der Elemente für einen Augenblick in die Kutsche, bevor sie zufiel, und der Graf in wüsten Träumen versank, geschüttelt von Fieber und einem Weg, der offenbar länger nicht mehr instand gesetzt worden war. Irgendwann hielten die Räder, und der Graf wurde von mehreren Menschen aus der Kutsche gehoben. Er sah einen steinernen Innenhof, Kerzenlicht und schließlich eine Art Waschküche. Eine dunkel gekleidete Gestalt flößte ihm eine warme, zähe Flüssigkeit ein. Dann sah er lange Zeit nichts mehr.

Als Graf von Leiningen erwachte, vermochte er nicht zu sagen, ob es Tag oder Nacht war. Um ihn herum war es finster. Er spürte einen Verband an der Schulter und die Weichheit eines Bettes. Er fühlte sich wach und ausgeruht. Nach einer Weile öffnete ein Fremder, der in schwarze Stoffe gekleidet war, die Tür zu seiner Kammer. Sein bleiches Gesicht leuchtete im Kerzenschein. Zwei gleichgültige Augen musterten ihn eine Weile. Dann sagte der Fremde: „Oh, Er ist erwacht. Folge Er mir bitte."

Der schweigsame Bedienstete führte den Grafen einen dunklen, gemauerten Gang entlang hin zu einem großen Festsaal. Von den Wänden und an der Decke warfen kunstvolle, schwarze Kerzenleuchter Licht in den Raum. Der Boden schien aus schwarzem Ebenholz gemacht, und auch Tisch und Stühle schienen dem Grafen ungewöhnlich dunkel.
„Der Schlossherr und sein Gefolge werden Euch gleich empfangen", sagte der Fremde, deutete auf einen Platz, der mit silbernem Geschirr gedeckt war, und verschwand im Dunkeln. Vorsichtig setzte sich der Graf. Ihm war schon wieder schwindelig. Vielleicht ging es ihm doch noch nicht gut genug, um aufzustehen. Oder lag das an dem verwirrenden Funkeln, das die Spiegelung des Kerzenlichts auf

dem Silbergeschirr verursachte? Im Halbdunkel des Raumes wurde ihm ganz seltsam zumute. Hatte man ihm etwas in den Trunk gemischt? Lange konnte seine Behandlung noch nicht her sein, denn es war offenbar immer noch Nacht. Seine Gedanken wurden vom Eintreten eines sonderbar aussehenden Mannes unterbrochen. Zum Erstaunen des Grafen war dieser ganz in Weiß gekleidet. Sein graues Haar fiel ihm bis auf die Schultern. Er trug ein weißes Rüschenhemd und weite, unbefleckte Hosen, darüber einen silbrigweißen Umhang und – so etwas hatte der Graf noch nie gesehen – schneeweiße Lederstiefel. Hinter ihm hopste ein kleines Männchen in den Saal, das sicherlich aus fernen Landen stammte. Es hatte keine helle, sondern eine schmutzig-bräunliche Haut und war zur einen Hälfte in weiße, zur anderen Hälfte in schwarze Kleidung gesteckt worden. Schwarze Stiefel kontrastierten mit weißen Hosen, das weiße Hemd wurde von einem schwarzen Umhang teilweise verdeckt.
„Ich kann fliiiiiiegen!", sang das Männchen in hohem Ton, kaum dass es eingetreten war, und ließ den Umhang wehen, während es die Breite des Saales voll ausnutzte, um von einer Seite zur anderen zu rennen. Der weiße Herr schritt auf den Grafen zu.
„Seid gegrüßt in unserem bescheidenen Heim", sagte er mit sonorer Stimme, „Ihr müsst Graf von Leiningen sein. Mein Name ist Hartmut von Cronberg und dies ist meine Burg." Sein Gastgeber besaß einen Akzent, den von Leiningen noch nie zuvor vernommen hatte. „Der Schelm", – er deutete auf den Zwerg, der sich gerade anschickte, auf einen der Stühle zu klettern –, „wird Marx genannt. Ich bin sicher, er wird uns vortrefflich unterhalten." Bei diesen Worten kicherte Marx und sah auf den Grafen. „Gute Unterhaltung ist hier ja selten", sagte er mit einem hohen Stimmchen, „aber mit einem Gast lässt sich da vielleicht etwas machen." Von Leiningen verstand den Sinn hinter den Worten des kleinen Mannes nicht, aber als es ihn plötzlich unter den Fußsohlen pikste, er laut „Aua!" rief und der

Schelm kicherte, beschloss er, den befremdlichen kleinen Kerl für den Rest des Abends zu ignorieren. Der Schmerz verschwand so rasch, wie er gekommen war. „Wo ist mein Kutscher?", verlangte der Graf zu wissen.
Von Cronberg hob die Arme. „Woher soll ich das wissen? Vermutlich ruht er sich im Bedienstetentrakt noch ein wenig aus. Soll ich ihn rufen lassen?" Der Graf überlegte. Nein, es würde nicht ratsam sein, zum jetzigen Zeitpunkt mit dem Kutscher zu sprechen. Er hatte keine Ahnung, wie lange er überhaupt geschlafen hatte. Vielleicht weckte er den tüchtigen Kerl. Morgen früh würde er mit ihm reden und dann würden sie diesen befremlichen Ort so schnell wie möglich verlassen. Von diesem Gedanken ermutigt, beschloss er, bis dahin gute Miene zum bösen Spiel zu machen und das Essen zu genießen.

Die Vorspeise war eine cremige, weiße Schwarzwurzelsuppe, wie von Cronberg erklärte. Sie schmeckte dem Grafen hervorragend, aber der dazu gereichte dunkelrote, fast schwarze Wein mundete ihm nicht. Er war bitter und zähflüssig.
„Sehr freundlich von Euch, mich aufzunehmen", sagte von Leiningen. „Ich wäre vermutlich verblutet, hätte ich keine Hilfe bekommen."
„Jäger, sagte Euer Kutscher, hätten Euch versehentlich angeschossen?"
„Ja, wir machten gerade eine kurze Rast, als mich die Kugel traf."
„Habt Ihr gesehen, wer geschossen hat?"
„Nein, es dämmerte bereits."
„Das ist ... vermutlich besser für Euch." Marx kicherte von irgendwo unter der Tafel.
„Aber es geht Euch besser, wie ich sehe?"
„Danke, ich fühle mich noch ein wenig wackelig auf den Beinen, aber insgesamt geht es."
„Wir unterhalten nur gesunde Gäste", trällerte Marx aus einer dunklen Ecke, „das ist wiiiichtig!"

Von Leiningen schüttelte verärgert den Kopf. Was für ein nerviges kleines Kerlchen!

Der zweite Gang bestand aus Weinbergschnecken in Weißweinsoße. Von Leiningen wollte gerade seine Gabel nutzen, um davon zu kosten, als er merkte, dass er seine Arme nicht mehr heben konnte. Unter dem Tisch ertönte das geckige Lachen von Marx. „Essen feeeertig!", verkündete er. Der Graf versuchte vergeblich, seine Arme zu befreien. Hatte der Schelm sie an den Tisch geklebt? Sein Hemd daran festgenagelt? Wie hatte das passieren können, so ohne dass er etwas gehört, geschweige denn bemerkt hatte? „Können Sie Ihren Schelm nicht zur Ordnung rufen?", fragte er scharf. Doch von Cronberg lächelte nur milde und schüttelte den Kopf.
„Die Unterhaltung ist seine Sache. Da mische ich mich nicht ein."
„Bitte? Wie soll ich denn an einem Mahl teilnehmen, wenn ich nichts mehr essen kann?"
In dem Moment tauchte der Zwerg plötzlich hinter ihm auf. „Niemand sagt, dass Ihr nichts mehr essen sollt", kicherte er. Schon hatte er von Leiningens Mund geöffnet und den ganzen Teller Schnecken hineingeschüttet.
„Neein...mhm!", versuchte der Graf zu protestieren, doch Marx lachte nur sein schreckliches Lachen. Von Leiningen wollte die eklige Schneckenportion gerade ausspucken, da stopfte ihm Marx die schwarze Stoffserviette hinterher und sicherte sie fix mit einem dünnen Seil am Hinterkopf. Das kann nicht sein, dachte von Leiningen. Dann musste er von den vielen Schnecken würgen und war gezwungen, sie nach und nach herunterzuschlucken. Sie schienen sich in seiner Speiseröhre zu bewegen.
„Brav essen", bekräftigte Marx und lachte wieder. Warum tat denn der Hausherr nichts? Das war doch nicht witzig! Der Graf blickte zu von Cronburg, doch der schaute kaum in seine Richtung. Er versuchte, sich verständlich zu machen, aber außer „Mhmmmm" konnte er keinen Ton

herausbekommen. Seine Arme waren ebenfalls nicht zu gebrauchen. Panik überfiel ihn – aber sicher würde der Schelm ihn gleich befreien, und dann würde er das Schloss und seine unheimlichen Bewohner auf der Stelle verlassen! In diesem Moment klatschte der Burgherr in die Hände, und der nächste Gang wurde serviert. Den Dienern schien die Indisposition von Leiningens dabei nicht aufzufallen. Was ging in diesem Schloss vor?
„Blutkuchen, Blutkuchen!", rief Marx erfreut. Tatsächlich erinnerte das dunkle Gericht in Geruch und Farbe entfernt an etwas Derartiges. „Hauptgang, Hauptgang!", schrie Marx jetzt und wetzte plötzlich ein großes, blitzendes Messer. Was? ... dachte von Leiningen. Dann sah er den Burgherrn grinsen.
„Vielen Dank, werter Graf", sagte von Cronberg nun, „dass Ihr mein Gast gewesen seid. Wie Ihr Euch denken könnt, habe ich nicht viel Abwechslung hier. Aber wenn dann doch mal jemand vorbeischaut, bleibt er immer mindestens bis zum Hauptgang ..." Er lachte schallend, als er das Entsetzen in den Augen seines Besuchers erkannte. „Ja, die Gelegenheit, Euch in meinen Wäldern zu erlegen, war einfach zu verlockend. Ich gehe gerne auf die Jagd … denn ich liebe Unterhaltung!"
In dem Moment kam Marx mit dem glänzenden Messer auf ihn zu.

Als von Leiningen erwachte, war es Tag. Die Vögel sangen. Durch das bunte Glasfenster schien Sonnenlicht auf sein Bett. Ein Traum! Der Graf fasste sich an die Schulter, wo er einen Verband ertastete. Zumindest diesen Teil hatte er nicht geträumt. Er drehte sich erleichtert in seinem weichen Bett und versuchte, aus dem Fenster zu sehen, doch es war zu hoch. Er befand sich tatsächlich auf einer fremden Burg! Erschöpft blieb er noch eine Weile liegen. Schließlich hörte er Stimmen von draußen, dann das Öffnen einer Tür. Er hob den Blick – und wollte seinen Augen nicht trauen.

Statt des Kutschers stand da ein kleines Männchen, zur Hälfte in schwarze, zur anderen in weiße Kleidung gehüllt. „Er ist wach!", sagte der Zwerg. „Dann kann die Unterhaltung ja endlich beginnen!"

Himmlischer Frieden

Einst im schönen Münsterland
Ein hübsches Mädchen lebte;
Manch Mann bat um ihre Hand
Doch allein zum Herrgott sie strebte.

Eine Nonn' wollt' sie sein,
Fromm und bescheiden leben;
Den Männern, ganz allgemein,
Nicht ihre Liebe geben.

Eines Tag's, ein Fremder im Land,
Er hörte von der Schönen,
Machte sich auf den Weg und fand
Die Jungfer im Dorfe tönen:

„Auch Dich will ich nicht frei'n,
Denn dem Herrgott bin ich sein!
Und ich mag dir prophezei'n
Mein Herz und mein Leib bleiben rein!"

Da sprach der Fremde:
„Dein Denken dich ehrt, holde Frau.
Darf ich Dir helfen zum glücklichen Ende?
Vertraue mir – ich kenne es genau!"

Er führt' sie sanft zum dunklen Fluss
Und stach sie dort nieder, so zart und so lieblich.
Dann gab er ihr seinen Abschiedskuss
Und sie ertrug es, so matt und so friedlich.

Ein stilles Grab sie fand unterm Baum
Wo ihre Knochen nun liegen.
Vereint wollt' sie sein mit Gott, das war ihr Traum –
Ihre Seel' sah gen Himmel er fliegen.

Der Fremde zog weiter,
Jahrein, jahraus
Er sucht' wie kein Zweiter
Landein, landaus

Nach Jungfern und Mädchen
Die bei Gott sein wollen;
In den Städten und Städtchen
Sind seither viele von ihnen verschollen.

Abschied

„Darum beträgt die Steuerlast des vergangenen Jahres ...", las Ernst Winter. Nein, das hatte keinen Zweck. Seine Hand ließ die Feder auf den Schreibtisch aus Eichenholz fallen und er rieb sich die Stirn. Er seufzte. Womit hatte er sich die letzte Stunde beschäftigt? Er wusste es nicht. Da war dieses Gesicht, an das er nicht denken wollte und das doch all seine Gedanken beherrschte. Mit einer energischen Geste seiner Hand wischte er den Gedanken beiseite, wischte das Gesicht beiseite.
Er stand auf und trat ans Fenster. Als er die Gardine etwas zur Seite schob, erwartete ihn noch immer die graue Nebelwand, die ihn seit dem Morgen vom Treiben in der Stadt trennte. Es gab kein Licht mehr. Nicht einmal die gewohnten Geräusche drangen zu ihm herauf. Im Hof hatte der Nebel die dürren Bäume gänzlich verschlungen; er erahnte ihre Schatten mehr, als dass er sie tatsächlich sah. Im Sommer waren sie grün, dachte er. Es schien ihm wie eine Erinnerung aus einem anderen Leben. Vielleicht sind alle tot, dachte er, die ganze Stadt ausgestorben. Darum höre und sehe ich niemanden mehr. Ich bin der einzige Überlebende.
Sein Kopf schmerzte. Obwohl es erst Vormittag sein konnte, kam ihm der Tag bereits viel zu lang vor.

Auf dem Hof trat die schwarze Katze aus der Nebelwand wie aus einer offenen Tür. Ihr dunkler Körper hob sich deutlich vom Grau der Umgebung ab. Ernst Winter kannte diese Katze. In letzter Zeit war sie oft hier gewesen. Und er kannte sie auch wieder nicht, denn sie gehörte nicht zu seinem Haus. Er wusste nicht, zu wem sie gehörte, und es war ihm auch egal. Zögernd setzte sie nun eine schwarze Pfote vor die andere. Ob sie mehr sehen konnte als er? Hörte sie mehr als er? Sie machte einige Schritte auf das Haus zu, blieb dann stehen und hob den Kopf. Ihm war, als sähen ihre wissenden Augen direkt zu ihm hoch. Die Katze erinnerte ihn an irgendetwas, aber er wusste nicht so recht, an was.

Plötzlich war ihm nach frischer Luft. Er schob den Vorhang gänzlich zur Seite und öffnete das Fenster. Die nebelfeuchte Kühle streichelte seine Wangen, und die Katze verschwand mit langen Sätzen hinter den Stallungen.

Wenn eine schwarze Katze von rechts nach links geht, hatte seine Schwester früher immer gesagt, dann bringt das Unglück. Diese Katze war auch von rechts nach links gegangen. Warum fiel ihm das gerade in diesem Moment ein? Dann schob sich das Gesicht wieder in sein Bewusstsein, die blauen Augen, das blonde, leicht gelockte Haar. Er nahm die Stallungen nicht mehr wahr. Von irgendwoher hörte er ein sanftes Miauen. Er wollte gerade das Fenster schließen, als von draußen noch andere, nebelgedämpfte Geräusche an sein Ohr drangen. Sie schienen näher zu kommen, Hufe auf Pflastersteinen. Das konnte nur eines bedeuten. Er schloss das Fenster. Sein Herz klopfte plötzlich schneller, doch er setzte sich wieder an den Schreibtisch. Es konnte auch gar nichts bedeuten.

Er war nicht überrascht, als es läutete. Ehe der Diener kam und ihm mitteilen konnte, dass Maria Kühn wünsche, ihn zu sprechen, befand er sich bereits an der Haustür.

Sie schaute ihn direkt an. Keine Spur von Wehmut lag in ihren blauen Augen, nur die Klarheit, um die er sie so sehr beneidete. Der graue Reisemantel stand ihr ausgesprochen gut.

„Ich bin gekommen, um mich zu verabschieden“, sagte sie mit ihrer glockenhellen Stimme.

Ernst nickte. Er konnte nicht sprechen.

„Wir nehmen den Elf-Uhr-Zug nach Frankfurt.“

Sein Blick glitt über sie hinweg, und er bemerkte die anderen Gestalten in der offenen Kutsche, die sein Nicken höflich erwiderten.

Er sah sie wieder an, ihre helle Haut, die leicht geröteten

Wangen, die blonden Locken, die unter ihrer Kapuze hervorlugten und ihr Gesicht umrahmten. Er durfte ihr nicht in die Augen schauen, sonst wäre es binnen eines Wimpernschlags um ihn geschehen. Seine Hand fand den Türrahmen, gutes, solides Holz, etwas zum Abstützen.
Er nickte ihr wieder zu. Was hätte er auch sagen sollen?
„Ich denke, wir werden uns dann eine ganze Weile nicht sehen", sagte sie. Als hätte man ihn darauf hinweisen müssen! Er lächelte säuerlich bei dem Gedanken.
„Freut Sie das?", fragte sie spitz.
Er räusperte sich. „Im Gegenteil!" Seine Stimme klang heiser.
„Aber vielleicht trifft man sich ja doch noch einmal – auf einem Empfang ..."
Wenn zwischen Hamburg und Frankfurt doch nur nicht so viele Kilometer lägen! Es war ein Abschied für immer.
„Es ist bestimmt ... schön für Sie, Ihre Familie wiederzusehen." Er konnte kaum sprechen.
„Bestimmt." Ihre Stimme war so klar wie immer. Nun lächelte sie und streckte ihm ihre schlanke Hand hin. „Es hat mich jedenfalls gefreut, Sie kennenzulernen."
Meinte sie das ernst? Nach all dem, was sie ihm angetan hatte?
Nun blickte er ihr doch in die Augen, und für einen Moment schien es, als würde er im ozeanischen Blau ihrer Iris ertrinken. Er wollte sie umarmen, an sich drücken und ihr übers Haar streicheln. Er wollte ihr ins Ohr flüstern: „Bleib doch hier, bleib einfach für immer." Aber er tat es nicht. Er riss sich von dem Meer in ihren Augen los und nahm stattdessen die dargebotene Hand. Durch den Stoff ihrer Handschuhe spürte er die Wärme ihres Körpers. Er unterdrückte den Impuls, mit dem Daumen über ihren Handrücken zu streicheln, sondern sagte schlicht: „Dann wünsche ich eine gute Reise." Es war eine wunderbare Hand. Er hätte den ganzen Tag so stehenbleiben mögen und sie halten. Er blickte ihr erneut in die Augen. Etwas lag jetzt darin. Es war kein Leuchten. Sie zog ihre Hand zurück

und sagte: „Ich wünsche Euch für die Zukunft ein wenig mehr Einfühlungsvermögen."
„Einfühlungsvermögen?!" Das war eine Unverschämtheit. Ernst Winter ließ sich nicht in seinem eigenen Haus beleidigen. „Hoffentlich finden Sie in Frankfurt reichlich davon, hier jedenfalls scheint es auch Ihnen nicht gerade im Überfluss zugeflogen zu sein", erwiderte er.
Ihre Wangen röteten sich noch ein wenig mehr, doch sie erwiderte nichts mehr. Vermutlich wollte sie sich nicht auch noch am Tag ihrer Abreise mit ihm streiten.
„Herr Winter." Sie knickste leicht.
„Frau Kühn." Er senkte höflich den Kopf.
Dann drehte sie sich ohne ein weiteres Wort um und stieg in die Kutsche. Er sah den grauen Reisemantel von hinten. Die Blicke der Mitreisenden störten ihn nicht. Der Kutscher ließ die Peitsche durch die Luft sausen und die Pferde trabten an. Während das warme Gefühl ihrer Hand in seiner Hand langsam nachließ, blickte er auf ihren Rücken, der sich langsam von ihm entfernte.
„Dreh dich um", beschwor er murmelnd. „Dreh Dich um! Dreh Dich um!"
Ihr Rücken wurde kleiner und eins mit dem Grau des Nebels. Er konnte noch einen Augenblick das Schwarz der Kutsche ausmachen, doch zusammen mit dem Klappern der Hufe verschwand sie im Nebel, viel zu schnell.

Ernst Winter wusste später nicht mehr, wie lange er so in der offenen Tür gestanden hatte. Die Katze war wieder aufgetaucht, aber er hatte sie nicht weiter beachtet. Drei schwarze Vögel flogen an den toten Baumwipfeln vorbei und schrien etwas in das Grau hinein. Irgendwann kam jemand und machte die Tür zu. Er fand sich im Arbeitszimmer wieder mit einem dampfenden Tee auf dem Tisch, den er ihn nicht bestellt hatte.
Die schwarze Katze war seit diesem Tag wie vom Erdboden verschwunden.

Wolfsspur

Die Sonne hatte den Horizont noch nicht erklommen, da erschütterte der Schrei das ganze Dorf und durchschnitt die frühmorgendliche Schläfrigkeit der erst langsam erwachenden Bewohner. Als sie sich aus den Betten erhoben, um nachzusehen, was so schreckliches passiert sein mochte, tasteten sich suchend die ersten Sonnenstrahlen ihren Weg über die Wiesen und Äcker.
Die Dörfler fanden den Tagelöhner im ersten Tageslicht weinend vor seiner Weide. Fünf Schafe lagen vor ihm, grausam zugerichtet, tot. Zwei weitere fehlten. Die Schafe waren der einzige Stolz des armen Mannes gewesen, seine Zukunft mit ihnen dahin.
Das war bereits der dritte Vorfall dieser Art. Letzten Monat hatte es die Kühe eines Bauers erwischt und im Frühjahr die Hühner des Schmieds. Der gänzlich leere Stall schien in der Dämmerung die vielen ratlosen Augenpaare zu verhöhnen.
Jemand fand am Rande der Weide eine blutige Spur. Sie erzählte in einem tiefen Rot vom Leid der verschwundenen Tiere, aber in der feuchten Erde fanden sich auch Abdrücke eines größeren Tieres. Eines Wolfes, wie jemand rief.

Waffen waren schnell beschafft, und noch ehe die Sonne ganz am Himmel zu sehen war, nahm eine große Gruppe die Verfolgung auf. Es galt, dieses Übel ein für alle Mal an der Wurzel zu packen.
Es gelüstete sie nach Rache und Triumph. Dem siegreichen Jäger winkte reiche Belohnung. Der Nebel hing noch zwischen den Zweigen, als die Gruppe durch Wiesen und Weiden eilte. Auf ihrem Weg stießen sie auf die Überreste der beiden verschleppten Schafe. Einem Jungen wurde schlecht. Den Rest schreckte der Anblick nicht, im Gegenteil: Ihre Wut auf die fremde Kreatur wuchs. Sie folgten der Spur, die in den Wald hineinführte, zwischen die Bäume.

Die Abdrücke waren gut lesbare Zeichen.

Der Weg führte zwischen Bäume und Büsche, vorbei an einem Bach und durch einen Sumpf. Gegen Mittag verstummten auch die letzten Gespräche. Weit waren die Menschen nun von den vertrauten Wegen des Dorfes, doch die Spur führte sie immer tiefer in das Dickicht. Sie war noch immer frisch und gut zu erkennen. Einige Male vernahmen die Jäger ein Rascheln im Gebüsch, und ein ums andere Mal waren sie fest davon überzeugt, dass sie das Tier eingekreist hätten. Doch wann immer sie zustoßen wollten, blickten sie nur in das kräftige Grün-Braun des Waldes und in ihre eigenen Gesichter. Der Wind musste ihnen Streiche spielen.
Es war Nachmittag, als die Ersten vor Erschöpfung kehrtmachten, und die Zahl der Umkehrer wuchs hernach von Stunde zu Stunde. Der Wald war ein einziger großer, undurchdringlicher Schatten, der mehr Fragen als Antworten in sich barg. Das Tier schien indes nicht müde zu werden. Es durchzog den Wald mit seinen Spuren, als wolle es gefunden werden. Die eigentümliche Schrift auf dem feuchten Grund schien den Wald wie eine fremde Sprache zu durchziehen, und einige spürten den magischen Ruf, der sie tiefer und tiefer ins Dickicht zog.

Als die Sonne sich erneut vor dem Horizont verbeugte, und auch den Tapfersten Erschöpfung und Hunger jeden Schritt verleiden wollten, waren nur zwei Jäger noch übrig. Diese beiden folgten der Fährte schließlich bis zu einer Höhle, die sich wie ein stilles Grab im Schatten der Dämmerung ausmachte. Dort hinein führten die Spuren des Wolfes. Der eine Gefährte schüttelte beim Anblick der undurchdringlichen Dunkelheit nur stumm den Kopf und wandte sich ab. Doch der letzte Jäger wollte und konnte einfach nicht aufgeben. Mutig entzündete er ein Licht und betrat die Höhle, in der es nach ungezähmtem Tier roch. Bald schon war das Leuchten mit ihm tief in der Dunkelheit

verschwunden. Es dauerte sehr lange, bis er im Gewirr der unterirdischen Felsen das Tier fand. Mit einem Mal gewahrte er ein leises Knurren und sah sich zwei grünen Augen gegenüber.
Ihm wurde schlagartig bewusst, dass er nun ganz allein mit der Bestie war. Ihre Blicke kreuzten sich und eine Weile standen sie sich einfach nur gegenüber. Im Schatten der Fackel war nicht mehr ersichtlich, wer Jäger und wer Beute war. Je länger der Mensch in das blutverschmierte Antlitz des Tieres sah, desto mehr Menschliches fiel von ihm ab und er erkannte im Auge des Wolfes sein eigenes Ich. In stummer Ehrfurcht erstarrte er schließlich. Der Wolf knurrte nicht mehr. Am Ende der Jagd stand der letzte Mensch, der Entschlossenste von allen, und musste erkennen, dass er den ganzen Tag seiner eigenen Spur gefolgt; dass nicht er Jäger, sondern Gejagter war.
Die Fackel war nicht mehr nötig, er warf sie achtlos fort. Die Waffe ließ er sinken – denn wie hätte er den kalten Stahl gegen sich selbst richten können?

Als der Mond gänzlich aufgegangen war, beschien er die Höhle mit silbrigem Glanz. Heraus trat ein Wolf, größer und majestätischer als je zuvor gesehen. Das Tier blickte sich um, und in seinen Zügen lag eine Gewissheit, die nur menschlichen Ursprungs sein konnte. Er wandte sich zum vollen Mond und heulte.
Es war Zeit, auf die Jagd zu gehen.

Winterzeit

Kupferrohre tauchen aus dem Nichts auf und ziehen vorüber. Ein Lächeln – ihr Lächeln – spiegelt sich irgendwo im polierten Messing. Die Apparate laufen. Sie sind schön, fast so schön wie sie. Dampf strömt aus. Ihn erfüllt tiefe, echte Zufriedenheit ... Dann kommt die Schneewehe und versteckt die Maschine unter ewigem Weiß. Sie läuft immer noch, er hört das gleichmäßige Stampfen der Kolben, das Klackern der Zylinder, doch die Maschine verschwindet zusehends im Schnee. Er hört ein Geräusch. Er schaut sich um und stellt fest, dass er die Tür offengelassen hat. Als er darauf zugeht, um seine Nachlässigkeit zu korrigieren, muss er sich gegen den Schneesturm stemmen, der mit Macht zu ihm hineinwogt. Etwas stimmt nicht ...

Er wachte unvermittelt auf und wusste zunächst nicht, wo er war. Seine Augen brauchten eine Weile, um sich an das dämmrige Licht zu gewöhnen. Etwas hatte ihn geweckt. Er spürte den weichen Samtstoff seines Lesesessels unter sich; sah das unregelmäßige Flackern des Kaminfeuers und fühlte die angenehme Wärme, die davon ausging. Er seufzte. Wie lange war er diesmal weg gewesen? Er sollte weniger von der Substanz zu sich nehmen. Blinzelnd stemmte er sich ein Stück höher. Wenn er sich konzentrierte, tanzten die Muster der blauen Stofftapete nicht mehr vor seinen Augen. War es Tag oder Nacht? Die schweren, schwarzen Vorhänge vor den Fenstern verrieten es ihm nicht. Er stöhnte, als er versuchte, sich noch weiter aufzurichten und gab es dann auf. Seine zitternde Hand griff zur Flasche auf dem verschnörkelten Beistelltisch. Weil er wusste, dass er beim Eingießen zu viel der kostbaren Flüssigkeit auf der polierten Holzplatte verschütten würde, machte er sich erst gar nicht die Mühe, sondern führte die Flasche direkt zum Mund.

Nach einem tiefen Zug fühlte er sich besser. Er lauschte unvermittelt. War da ein Geräusch? Vermaledeite Nebenwirkungen der Drogen! Sobald er von dem Zeug loskam, würde er ... Da war es schon wieder!
Aber das konnte nicht sein. Die Dienerschaft war seit Stunden entlassen, die Tür verriegelt, alle Fenster verschlossen. Draußen herrschte dichtes Schneetreiben – und selbst wenn sich der Sturm mittlerweile gelegt haben sollte, verhinderte doch eine meterdicke Schneedecke, dass irgendjemand ihn hier finden konnte.
Doch da hörte er es wieder – ein sachtes Klopfen irgendwo außerhalb des Raumes. Vielleicht hatte sich ein Fensterladen gelöst und pochte nun gegen die Mauer? Er schüttelte den Kopf, was Sterne vor seinen Augen tanzen ließ. Nein, das war nicht möglich – alles hier im Innern und auch draußen war bestmöglich gesichert! Sein Haus glich einer Festung.

Er versuchte, erneut nach der Flasche zu greifen, doch sein Arm wollte ihm nicht gehorchen. Plötzlich war ihm, als streife ihn ein eisiger Hauch. Er drehte den Kopf in die Richtung, aus der er meinte, den Luftzug vernommen zu haben – und erstarrte in der Bewegung. In der Mitte des Raumes, wo die Schwärze am tiefsten dräute, schien eine Gestalt zu stehen. Er konnte seinen Augen nicht trauen, und doch starrte er in die Dunkelheit. Hatte sie sich etwa bewegt?
Sie kam eindeutig auf ihn zu! Ihm wurde plötzlich schlecht.
„Guten Abend", sagte die Gestalt mit ruhiger Stimme, kam noch einige Schritte näher und lehnte sich ihm gegenüber an die Wand.

Er bemerkte, dass die Gestalt geschmackvolle schwarze, enganliegende Kleidung trug. Er blinzelte und versuchte, klarer zu sehen. Es handelte sich um einen jungen Herrn mit Schirmmütze und wattiertem Gehrock. Träumte er womöglich immer noch?
„Freiherr von Stein", sprach der Fremde ihn an, und seine

Stimme klang angenehm melodiös in seinen Ohren, „Sie sollten den Konsum dieser Substanz wirklich mäßigen."
Der Hausherr versuchte, zu sprechen. Nach einer Weile gelang es ihm, doch seine Stimme zitterte. „Was ich tue und lasse, ist einzig meine Sache!"
„Denken Sie wirklich?"
Der Fremde trat vor, und von Stein konnte nicht umhin, den ebenmäßigen Teint seines Gesichts zu bewundern, der im Licht von Kamin und Kerzen seltsam unwirklich schien. Seine großen Augen blickten ihn direkt an. Er war jung und ... schön. Wunderschön.
„Sie und ich wissen beide, dass das nicht stimmt. Spielen Sie sich doch nichts vor!" Von Stein sammelte sich. „Wie sind Sie hier hereingekommen? Mein Haus ist mit den stärksten Schlössern und Riegeln gesichert!"
„ ... die gegen Geister, Äther und Dämonen im Allgemeinen unbrauchbar sind."
Der alte Mann erbleichte. Er spürte den Schweiß auf seiner Stirn. Der Fremde beugte sich zu ihm herunter. Sein wohlgeformtes Gesicht war nun dicht vor ihm. Braune Locken kräuselten sich unter der Schirmmütze. Von Stein spürte eine Sehnsucht nach dieser Jugend, wie er sie schon lange nicht mehr verspürt hatte. Gleichzeitig lähmte eine entsetzliche Furcht jede seiner möglichen Bewegungen. Er ließ den Kopf sinken.
„Warum?", fragte er tonlos.
„Sie werden uns zum Sieg verhelfen!"
Er sah auf. „Ich beteilige mich nicht mehr an Kriegen!"
„Oh doch. Sie würden jeden Krieg alleine bestreiten, wenn sie dafür ihre Clara zurückerhielten."
Von Stein keuchte. Er hustete und schob seinen abgemagerten Körper noch tiefer in den Sessel. Was wusste dieser Teufel?
Der alte Mann wünschte sich, endlich aufzuwachen aus diesem Albtraum. Er schwor sich, von der Substanz abzulassen. Er schwor, nie mehr mit Gott zu hadern. Er schloss die Augen und sandte ein kurzes Stoßgebet gen Himmel.

Aber als er die Augen wieder öffnete, hatte sich das schöne Gesicht nicht einen Zentimeter wegbewegt. Ein feines Lächeln lies die Züge des Eindringlings noch markanter, noch attraktiver erscheinen.
„Sie werden uns eine Maschine bauen", sagte der Fremde.
Von Stein seufzte. Darum ging es also. Fast hätte er gelächelt. Er hob den Blick. „Ich habe seit zwanzig Jahren nichts mehr konstruiert – kein Luftschiff, keine Dampfmaschine, kein Automobil. Wissen Sie das etwa nicht?"
Das Lächeln des Unbekannten blieb in seinem Gesicht haften wie ein falscher Schnurrbart.
„Sie werden eine Maschine bauen", wiederholte er.
„Sehe ich dann Clara wieder?"
„Sie wird in jedem Falle für immer verschwunden sein, wenn sie es nicht tun."
Von Stein fühlte sich auf einmal fiebrig. „Haben Sie sie gesehen?"
„Andere, ich nicht."
„Geht es ihr gut?"
„Den Umständen entsprechend."
„Kann ich sie sehen? Nur kurz?" Er verabscheute sich für den flehenden Ton in seiner Stimme.
„Herr von Stein, wir beide wissen, dass das nicht geht." Der Fremde wandte sich von ihm ab.
Anmutig bewegte er seinen Körper zum Fenster. Der alte Mann bekam die Gelegenheit, breite Schultern und muskulöse Beine zu betrachten. Eine behandschuhte Hand schob den Samtvorhang zur Seite.
„Nein!", rief von Stein. Jede Faser seines Körpers war angespannt. Doch da war der Vorhang schon zur Seite geschoben. Draußen herrschte tiefschwarze Nacht. Er konnte den Schnee auf der Fensterbank erahnen. Er atmete auf, doch die Spannung blieb.
„Vorsicht", sagte er. „Sie können Sie sehen."
Der Fremde wandte ihm noch immer den Rücken zu, doch er war sich sicher, dass dieser immer noch lächelte. „Hier ist niemand außer uns beiden", sagte der Eindringling.

„Sie sind immer da", erwiderte von Stein, „sie warten nur auf den richtigen Augenblick."

Die Gestalt am Fenster bewegte sich nicht. Von Stein überlegte. Sein Besucher konnte nur von einer Seite kommen, wenn er nach einer Maschine fragte. Waren sie wirklich so verzweifelt, dass sie ihn erpressen mussten? Dann sah es nicht gut aus.
„Sie wissen, warum ich mich damals zurückgezogen habe", sagte er. Sein Kopf wurde zunehmend klarer. „Ich habe versucht, zu fliehen, zu vergessen." Er warf einen Blick auf die Flasche neben sich und seufzte. „Offenbar ist das nicht gelungen. Mich plagen Albträume."
Der Fremde stand immer noch am Fenster und starrte in die Dunkelheit. „Offenbar war ich nicht so unauffindbar, wie ich dachte. Jetzt sind Sie hier, und ich merke ..." Er stockte. Ihm war plötzlich kalt. Ein eisiger Hauch schien seinen Körper zu streifen.
Etwas stimmte nicht. Es war nicht nur der ungewohnte Klang seiner eigenen Stimme, der ihm seltsam vorkam. Hatte er sich nicht geschworen, nach dem großen Unglück nie wieder etwas zu tun, das Schaden anrichten konnte? Mit wachsendem Unbehagen bemerkte er, dass er begann, zu tief in derlei Gedanken zu versinken. Würde er es tatsächlich doch noch einmal versuchen? Würde seine Maschine diesmal vielleicht wirklich alles verändern? Er schaute zu der Gestalt am Fenster hin. Sein Herz schlug schneller. „Sie da!", sagte er, doch der Fremde rührte sich nicht. Er schien etwas vor dem Haus zu beobachten.
„Hallo?" Hier stimmte tatsächlich etwas nicht.
Mühsam stemmte von Stein sich vom Sessel auf. Er tastete nach seinem Gehstock. Keuchte. Ihm schwindelte. Langsam setzte er einen Fuß vor den anderen. Kalter Wind schien ihm vom Fenster her entgegenzuwehen.
Noch einen Schritt.
Dann noch einen.

„Hallo?" Von Stein fasste den Fremden an der Schulter. Da fiel dieser auf den Boden. Die zwei schönen, großen Augen starrten ihn blicklos an. Ein Bolzen steckte in seiner Brust. Von Stein bemerkte die schwarzen Federn, die daran befestigt waren und hörte das mechanische Klackern der Zahnräder im Inneren des auch für Ätherwesen tödlichen Geschosses. Sein Blick wanderte zur Fensterscheibe, durch die der mechanische Bolzen lautlos eingedrungen war. Die kleine Eintrittsstelle blies beständig eisige Luft in sein Zimmer. Obwohl es töricht war, öffnete er das Fenster und blickte hinaus in die Schwärze. Draußen gab es nur undurchdringliche Dunkelheit und noch mehr Kälte.

Es kostete von Stein einige Mühe, neben dem Körper niederzuknien und festzustellen, dass er keinen Puls mehr fühlte. Er seufzte. Der Krieg hatte ihn eingeholt. Sein Blick fiel auf den Kamin, in dem das Feuer mittlerweile heruntergebrannt war und nur noch schwach glomm. Die Flasche bei seinem Sessel konnte er nur noch als Schemen in der Dunkelheit erkennen. Von Stein richtete sich langsam auf. Er war nun völlig nüchtern. Der alte Mann blickte sich nicht mehr um, als er zur Tür schlurfte und die Klinke herunterdrückte. Es war an der Zeit, einigen anderen Bescheid zu geben.
Auf der Fensterbank begann der Schnee zu tauen.

Ein Racheengel

Emilia hätte einfach nicht auf ihre Tante hören sollen. „Fahr doch einige Tage zu Onkel Philipp nach Irland", hatte Auguste gemeint. „Nach allem, was passiert ist, wird Dir das gut tun."
Irgendwie hatte sie sich überreden lassen. Obwohl sie schon über 40 Jahre alt war, genoss sie es, so bemuttert zu werden. Schaden konnte eine Reise sicher nicht. Vielleicht würden ja sogar ihre Albträume aufhören, die Stimmen sie nicht mehr quälen. Und was hatte sie schon anderes zu tun? Auch, als sie hörte, dass Onkel Philipp gar nicht vor Ort sein würde, lies ihre Tante nicht davon ab, sie zu der Reise zu ermutigen. Am Telefon erzählte Onkel Philipp von seiner lange geplanten Kreuzfahrt. Er würde den Schlüssel für Emilia hinterlegen, natürlich könne sie in seinem Haus wohnen, es stehe dann ja ohnehin leer. Tante Auguste schwärmte von der liebreizenden Landschaft, der Ruhe und den freundlichen Menschen auf der Insel.

Es dauerte nicht lange, da hatte Auguste sie in den Flieger verfrachtet. Emilia beschlich der Verdacht, dass Auguste ihre depressive Nichte nur allzu gerne auf eine Urlaubsreise schickte. Natürlich konnte Tante Auguste nicht mitkommen – die Knochen, der Rücken ... Auf dem Weg nach Irland geriet das Flugzeug in ein Unwetter. Der Flieger wurde erst zur einen, dann zur anderen Seite geschleudert. Grellweiße Blitze zuckten um sie herum. Einige Frauen begannen zu weinen. Emilia blickte aus dem winzigen Fenster hinaus in die Naturgewalten. Sie dachte daran, wie klein und unbedeutend sie war, wie gering der Wert ihres Lebens.

Sie überstand den Flug und kam in tiefster Nacht auf einem Provinzflughafen an. Von der Landschaft sah sie nichts, denn es war dunkel. Ein Bus brachte sie nach schier endloser Wartezeit in die nächstgrößere Stadt. Weil sie sich für die paar Stunden kein Hotel leisten wollte, wartete sie mit ihrem Gepäck in einem zugigen Busbahnhof. Ein aufdringlicher Typ, gezeichnet von zu viel Alkohol, brauchte viel zu lange, um zu verstehen, dass sie nicht mit ihm in seinen Schlafsack kriechen würde. Als durch die gesplitterten Glasscheiben das erste graue Tageslicht drang, kam endlich der Anschlussbus. Sie reiste nahezu alleine in dem altersschwachen Gefährt. In der Dämmerung erkannte Emilia grüne Hügel und weidende Schafe, doch schon bald begann es zu regnen, und eine dichte, feuchte Nebeldecke legte sich über die Landschaft.

Als der Bus sie absetzte, umhüllte Emilia der nasse Dunst mit seiner ganzen Macht. Sie sah die Rücklichter im Regen noch einmal aufleuchten, dann fuhr der Bus um eine Kurve, und die Leuchten waren verschwunden. Außer ihr war niemand ausgestiegen. Sie sah sich um. Die Haltestelle bestand nur aus einem unleserlichen Schild. Wo war die Ortschaft mit dem unaussprechlichen Namen? Erst nach einer Weile konnte sie durch das dichte Regenband einige graue Häuser ausmachen, auf die sie zumarschierte. Die Reisetaschen wogen schwer in ihren Händen. Der Regen schien ihr zuzuflüstern, geh fort, geh fort, geh fort, im immer gleichen Rhythmus. Dabei war sie noch nicht einmal angekommen. Sie hatte das Gefühl, etwas sei mit ihr ausgestiegen, etwas, das sie nicht bei sich haben wollte. Nun würde es bleiben.

Schließlich fand sie die angegebene Adresse. Es war ein altes, grob gehauenes Steinhaus. Im Sommer war es gewiss hübsch anzusehen, doch jetzt, im Herbst und bei Regen, erzählten die verblühten Astern und welken Rosen nur noch von Abschied. Sie fand den Schlüssel dort, wo ihr Onkel ihn hinterlassen hatte und schloss auf. Drinnen war es kahl und staubig. Emilia ging durch das ganze Haus, fand aber keinen Raum, der ihr behaglich erschien.

Ihr Onkel schien nichts von allzu viel Mobiliar zu halten. Sie versuchte, heiß zu duschen, doch das Wasser tröpfelte nur lauwarm aus der Leitung. Schließlich legte sie sich mit einem Buch und einem heißen Tee ins Bett, aber die leichte Decke gehörte noch in den vergangenen Sommer, und Emilia fröstelte. Im Zimmer roch es muffig. Lange konnte sie nicht einschlafen, und als sie dann schließlich in die Welt der Träume hinüberglitt, sah sie ein vertrautes Gesicht, das um Hilfe rief, doch sie ignorierte es und ging scheinbar unbekümmert fort. Als Emilia erwachte, war es noch dunkel. Sie zitterte am ganzen Leib.

Da an Schlaf nicht mehr zu denken war, ging sie in die Küche und kochte Kaffee. Wenigstens einige Vorräte hatte ihr Onkel ihr da gelassen. Sie fand auch ein wenig Knäckebrot und setzte sich für ihr karges Mahl an den schlichten Holztisch. Als sie sich im Raum umsah, wähnte sie sich in einer altmodischen Gefängniszelle, ihre Henkersmahlzeit zu sich nehmend. Du hast zu viele schlechte Filme geschaut, dachte sie. Sie trank noch einen Schluck von dem heißen Getränk. Es war so schwarz wie ihre Gedanken.

Vor den Fenstern begann ein Tag, der ebenso trostlos zu werden schien wie die Nacht. Emilia blickte auf eine nebelverhangene Straße, an der sich graue Häuser entlangduckten. Sie erinnerte sich daran, wie ihre Tante die Landschaft gepriesen hatte. Offenbar war sie noch nie in diesem Dorf gewesen. Emilia setzte sich in den einzigen Sessel und begann, in einem ihrer mitgebrachten Bücher zu lesen. Doch sie konnte sich nicht recht auf die Geschichte konzentrieren. Eine Stimme in ihrem Kopf warnte sie beharrlich davor, zu bleiben.

Emilia seufzte. Sie legte das Buch zur Seite und blickte auf die Fransen des grauen Wollteppichs unter ihren Füßen. Nun hockte sie hier – in einem staubigen kleinen Zimmer in einem kahlen Haus in einem trostlosen kleinen Dorf irgendwo in Irland. Sie warf einen Blick aus dem Fenster. Der Nebel schien sich etwas gelichtet zu haben. Sie nahm ihre Jacke vom Haken und verließ das Haus. Vielleicht gab es hier einen Pub, in dem sie ein Mittagessen erstehen konnte. Sie lief die Straße nach links herunter, doch nach wenigen Häusern wich die Bebauung dem undurchdringlichen Nebel. Sie kehrte um und versuchte es in die andere Richtung. Es gab einen Pub, doch der war laut eines ausgeblichenen Schildes wegen eines Trauerfalls auf unbestimmte Zeit geschlossen. Das Dorf besaß auch keinen Supermarkt, nur eine Tankstelle, die ebenfalls nicht geöffnet hatte. Lebte hier überhaupt jemand? Zwar hörte sie von irgendwoher Stimmen, doch sehen konnte sie niemanden. Langsam lief sie an der Straße zurück, als sie eine Frau entdeckte, die ihr entgegenkam. Sie ging schwerfällig und stützte sich auf einen Holzstock. Emilia konnte deutlich ihren Buckel ausmachen. Ein Kopftuch schützte ihr graues Haar vor der Feuchtigkeit. Emilia wollte sie ansprechen, doch als sie an ihr vorüberging, hielt sie irgendetwas davon ab. Die Frau schlurfte mit gesenktem Kopf an ihr vorüber.

Als Emilia die Gartenpforte ihres Onkel wiedergefunden hatte, war sie fast erleichtert. Der Nebel, dachte sie, macht aus allem eine Geisterstadt. Gerade wollte sie die Türe aufschließen, als sie aus den Augenwinkeln eine Bewegung bemerkte. Nur die Ruhe, sagte sie sich, das ist bestimmt der Postbote. Langsam drehte sie sich um. Es war nicht der Postbote. Ein Mann winkte ihr vom Nachbargrundstück aus zu. Seine wulstige Hand schwankte im immergleichen Rhythmus auf und nieder. Im Dunst sah er aus wie eine Vogelscheuche. Emilia kam der Gedanke, er könnte ein mechanischer Mensch sein, eine aufgezogene Maschine, deren Bewegungen mit der Zeit immer langsamer wurden und schließlich ganz erstarben. Schnell wandte sie den Blick ab, steckte den Schlüssel in das Schlüsselloch und drehte um. Als sie im kalten Hausflur stand, fand sie ihr

Benehmen kindisch. Rasch ging sie erneut die drei Schritte bis vor die Haustür. Sie wollte den Nachbarn grüßen, ihn höflich fragen, ob er vielleicht etwas von einer Wetterbesserung gehört hatte. Doch als sie hinaus in den Garten trat, war von dem Mann nichts mehr zu sehen.

Den Rest des Tages blieb sie im Haus, trank Tee und Kaffee und versuchte, sich auf ihr Buch zu konzentrieren. Der Nebel verzog sich nicht – nicht am Nachmittag, und auch nicht am Abend. In der Nacht lag sie noch lange wach. Es hatte wieder zu regnen begonnen, und der Regen trommelte eine Botschaft auf das Hausdach. Emilia war sich sicher, dass sie laut und deutlich das Wort „Schuld" hinaushörte, doch das war natürlich Unsinn. Sie schlief schlecht.

Es war Herbst, und so wunderte es sie nicht, dass es auch am nächsten Morgen noch regnete. War Irland nicht berühmt für dieses Wetter? Im Geiste verfluchte sie Tante Auguste.
Gegen Mittag ließ der Regen unverhofft nach. Emilia, die mittlerweile fast alle Vorräte ihres Onkels aufgegessen hatte, beschloss, noch einmal nach einer Möglichkeit zum Einkaufen zu suchen.

Der Nieselregen drang viel zu schnell durch ihre Jacke und benetzte Haut und Haar mit einer schweren Feuchtigkeit, die sich wie ein klammer Schleier um Emilias ganzen Körper legte. Sie erkundete die anderen Straßen – viele waren es nicht – fand aber noch immer keinen Supermarkt. Dafür gab es einen kleinen Imbiss, der geöffnet hatte. Emilia aß bei einem schweigsamen Glatzkopf eine Portion kalter Fish and Chips und ließ sich gleich noch eine weitere Portion für später mitgeben.
Als sie den Rückweg antrat, wurde der Regen wieder stärker. Sie beeilte sich, nach Hause zu kommen. Kurz vor ihrem Gartentor begegnete sie der alten, buckeligen Frau wieder. Emilia grüßte sie und wollte schon weitergehen, da

hob die Alte unversehens den Kopf und sah ihr ins Gesicht. Emilia erschrak. Noch nie hatte sie ein so knochiges, abgehärmtes Gesicht gesehen! Ihr war für einen Moment, als blickte sie auf einen Totenschädel. Was die Alte mit ihrem zahnlosen Mund sprach, bekam sie nicht mehr mit, da sie fluchtartig ins Haus rannte.

Im Wohnzimmer war es noch immer kalt. Sie versuchte, die Heizung anzudrehen, aber offenbar war sie defekt. Emilia seufzte und nahm das Buch wieder zur Hand, doch abermals konnte sie sich nicht auf den Text konzentrieren. Vertraute Gesichter schoben sich vor die Buchseiten, wann immer ihre Gedanken auch nur für einen Moment abschweiften. Sie schrien um Hilfe, bis Emilia sie mit einem energischen Kopfschütteln verscheuchte. Sie trank noch mehr Kaffee, denn auch der Tee war aufgebraucht.

Bald wurde es wieder Abend. Emilia fühlte die Feuchtigkeit in ihren Knochen, doch sie wollte sich noch wachhalten, um nicht schon wieder die halbe Nacht wach zu liegen. Bei dem Gedanken an die panischen Rufe, die sie in der letzten Nacht gehört hatte, fror sie in ihrem Sessel. Nein, sie wollte noch nicht schlafen. Sie rieb ihre Handflächen gegeneinander, um ihre Fingerspitzen zu wärmen. Zu Hause hatte sie mit einem Priester gesprochen, hatte gebeichtet. Genutzt hatte es nichts. Sie war sich nicht mal sicher, ob der Mann ihr überhaupt richtig zugehört hatte. Sie hatte es versucht, sagte sie sich. Die Stimmen in ihrem Kopf waren davon nicht zu besänftigen.

Müde blickte sie in die Dämmerung hinaus. Der Regen hatte aufgehört. Etwas zog sie nach draußen. Warum nicht noch einmal spazieren gehen? In der aufkommenden Dunkelheit würde sie gewiss keinen weiteren gruseligen Bewohnern dieses gottverlassenen Ortes begegnen und vielleicht wäre sie nachher müde genug, um endlich mal eine Nacht lang durchzuschlafen.

Entschlossen legte sie das Buch zu Seite, schlüpfte in ihre braunen Lederstiefel und die Wachsjacke ihres Onkels und verließ das Haus. Der Nebel war wieder aufgekommen und ließ die Ortschaft in unwirklichen Schatten versinken.
Emilia wandte sich zunächst nach rechts, Richtung Dorfzentrum. In einigen Fenstern brannte noch Licht. Hier und dort hörte sie vage Stimmen. Durch den Nebel gedämpft, schienen es ihr fröhliche, liebevolle Stimmen zu sein. Emilia stellte sich vor, dass in den Häusern gemütliche Feuer in den Kaminen brannten und Kinder mit ihren Eltern einträchtig zu Abend aßen. Eine Szene, wie sie Emilia selbst nie mehr erleben würde, weil sie keine Familie mehr hatte. Emilia hatte ... – entschlossen wandte sie sich ab. Sie war hergekommen, um zu vergessen, was geschehen war, nicht, um sich davon fertigmachen zu lassen. Ein tragischer Unfall, hatte die Polizei gesagt und festgestellt, dass Emilia wie durch ein Wunder als Einzige überlebt hatte.
Die Straßen im Zentrum erschienen ihr mit einem Mal sehr eng. Ihr war, als würden die kleinen, bunt angestrichenen Häuser sich nach vorne neigen, um sie mit ihren leuchtenden Fensteraugen drohend anzuschauen. Sie schluckte. Das war Einbildung. Gewiss waren ihre Nerven überreizt. Emilia wollte dennoch nicht hier sein, im Zentrum des Geschehens. Sie musste fort! Sie drehte sich um und folgte der Hauptstraße hinaus aus dem Ort, hinein in die um sich greifende Dunkelheit. Als sie die letzten Lichter der Stadt hinter sich gelassen hatte, fiel ihr das Atmen wieder leichter. In großen Abständen wies ihr nun die Straßenbeleuchtung den Weg. Emilia ging einfach weiter. Sie folgte den Windungen der Straße, bis auch die Straßenbeleuchtung aufhörte, dann setzte sie sich auf einen Stein am Wegesrand. Sie spürte wieder die Präsenz von etwas anderem, dessen, das schon mit ihr aus dem Bus gestiegen war, als sie an diesem gottverlassenen Ort ankam. Es war hier.

Kein einziges Auto war auf ihrem Weg an ihr vorübergefahren, keinem Menschen war sie begegnet.

Der Nebel wogte hier draußen zwar kräftiger, aber nicht ganz so dicht wie in der Stadt. Sie blickte zum Himmel. Just in dem Moment riss die Wolkendecke auf und gab einen vollen Mond frei. Fasziniert beobachtete sie die Wolken, die daran vorüberzogen. Wie hell der Mond schien! Zu Hause war ihr das noch nie aufgefallen. Es war ein Anblick wie in einem dieser Gruselfilme, kurz bevor etwas Schreckliches geschieht. Aber ihr konnte nichts mehr passieren, denn das Schrecklichste, das Allerschrecklichste, war bereits geschehen.
Sie sah genauer hin. Das Licht des Mondes war so hell, dass es sie nahezu blendete. Etwas war mit einer der Wolken. Sie hatte eine merkwürdige Form. Die Wolke sah aus wie ein Finger – ein Finger, der auf etwas hinter ihr deutete. Emilia drehte sich in die angezeigte Richtung. Im ersten Moment nahm sie nur Dunkelheit wahr. Als ihre Augen sich an die geänderten Lichtverhältnisse gewöhnt hatten, meinte sie, weiter hinten, jenseits der Straße, ein Licht zu sehen. Es flackerte. Das konnte nicht sein. Hier draußen war doch nichts! Doch je länger sie hinsah, desto mehr konnte sie erkennen. Sie nahm nun Schemen wahr von Bäumen und Büschen und mehr Licht - hinter dem ersten Licht befand sich noch ein weiteres. Und noch eines. Was waren das für Lichter – mitten im Nirgendwo?

Zögernd sah sie sich um. Hatte sie vielleicht ein Schild zu einem Privatgrundstück übersehen? Nein, hier war nur die Zufahrt zum Ort, aus dem sie kam. Vor ihr lagen Felder und ein kleines Wäldchen. Büsche und Bäume säumten den Weg. Nichts deutete auf eine Behausung hin. Was wohl dort hinten zu finden war?
Emilia stand auf und ging auf die unwirklichen Lichter zu. Sie folgte einem kleinen Trampelpfad. Vielleicht war er einst breiter gewesen, doch nun musste sie sich ihren Weg entlang wilder Brombeerranken und tief hängender Zweige bahnen. Sie spürte die Dornen, die kleine Löcher in ihre Haut und ihre Klamotten rissen. Fast schien es ihr,

als wollte die Natur nicht, dass sie diesen Pfad beschritt, als würde sie sich ihr in den Weg stellen, doch das war natürlich Unsinn. Irgendwo in ihrem Geist riefen die Stimmen, doch Emilia hörte nicht auf sie. Sie kam den Lichtern immer näher. Sie erkannte, dass es mehr waren als zunächst gedacht – vielleicht ein Dutzend. Plötzlich stieß sie an etwas Hartes. Sie streckte ihre Hände aus und ertastete kühles Metall. In diesem Moment gaben die Wolken erneut das helle Mondlicht frei. Emilia sah, wo sie sich befand: Sie war an einen eisernen Zaun geraten. Sie blickte sich um. Sie stand an einer Friedhofspforte! Hinter dem Zaun gewahrte sie die Lichter erneut. Es waren Kerzen, die zu Ehren der Toten aufgestellt worden waren. Wann war Allerseelen, das wichtigste Totenfest? Heute? Morgen? Im katholischen Irland sicher ein wichtiger Feiertag. Ein Tag zu Ehren der Toten, an dem man auf dem Friedhof Kerzen anzündete, selbst an einem so versteckten Ort wie diesem hier. Sie fröstelte und zog ihre Jacke noch ein wenig enger um sich. Dann ergriff sie die Klinke und betrat die Grabstätte.

Die Stimmen in ihrem Kopf verstummten. Emilia sah steinerne Kreuze, von Moos bewachsen; Gedenksteine, halb in der Erde versunken und von Efeu umrankt. Große Bäume warfen lange Schatten im Mondlicht. Emilia bot sich eine unwirklich scheinende Szenerie: Die flackernden Kerzen, der dicht über dem Boden wabernde Nebel und das Mondlicht, das immer dann die Szenerie erleuchtete, wenn gerade keine Wolken die Helligkeit des Nachtgestirns trübten.

Vermutlich gehörte der Totenacker seit dem Mittelalter zur Ortschaft. Efeu rankte sich über die Grabplatten. „For E ... In Love" und „1891" las sie auf einem der Steine und musste wieder an ihr eigenes Schicksal denken. E ..., das war nicht sie. Sie beugte sich tiefer über das Grab, aber der Name war nicht mehr zu erkennen.

Irgendwo rief ein Käuzchen. Das Geräusch ließ sie zusammenzucken. Geh zurück, sagte eine Stimme in ihr, solange Du noch kannst. Emilia ignorierte sie. Die Kerzen flackerten. Der Nebel schien sich zurückzuziehen. Das Mondlicht warf den Schatten einiger mächtiger Bäume auf die Kieswege. Emilia konnte die Kreuze und Trauerfiguren unter ihnen mehr erahnen als erkennen. Die Grablichter schienen in eine Richtung zu deuten, mehr zu werden, heller zu leuchten. Langsam kehrten auch die Stimmen in ihrem Kopf zurück, die Stimmen, die sie nicht mehr hören wollte, nie mehr hören würde. Sie wusste, dass sie sich die Stimmen nur einbildete, genau so, wie die Kerzen nicht wirklich einen Weg andeuteten. Dennoch war Emilia fasziniert vom Spiel der flackernden Lichter. Ein Rabe krächzte. Es klang, als befände sich das Tier direkt über ihr.

Emilia folgte der Einladung, bewegte sich langsam auf die Mitte des Friedhofs zu. Es kam ihr vor, als würde Jesus, der rechts von ihr an einem Steinkreuz unter einer Ulme hing, strafend auf sie herabschauen. Ein kleiner Engel auf einem Kindergrab links blickte anklagend zu ihr hoch. Eine steinerne, dekorative Urne schien sich bei ihrem Anblick noch weiter in die Schatten des Efeus zurückzuziehen. Du spinnst, sagte sie sich. Du bist nur angespannt. Emilia atmete tief durch. Der feuchte Nebel drang tief in ihre Lungen. Sie war keine Sklavin ihrer Schuldgefühle! Entschlossen drehte sie sich um. Sie würde diesen Friedhof jetzt verlassen.

Da erblickte sie ihn. Sie drehte sich zurück, hin zur Mitte des Begräbnisortes. Das volle Licht des Mondes fiel auf ihn. Er stand hoch auf einem marmornen Sockel und sah auf sie herab – oder viel mehr, er sah nichts, denn er hatte in stiller Trauer sein Gesicht in die Hände vergraben. Noch nie hatte sie eine so lebensechte Engelsstatue gesehen. Unwillkürlich bewunderte sie die lebensgroße Figur, die feine Ausarbeitung der weit fallenden Kleidung und das volle Haar. Seine zwei Flügel waren weit ausgebreitet, so als mache er sich zum Flug bereit. Alles an dem Engel war so real, dass Emilia hätte schwören können, er würde jeden Moment den Blick heben und sie ansehen. Die Stimmen in ihrem Kopf wurden lauter, doch Emilia beachtete sie nicht und ging auf ihn zu. Sie berührte mit ihren Fingerspitzen den kalten Stein seines Gewandes. Auch wenn dieser Engel lebendig aussah, so war er doch nur aus Marmor. Sie konnte nicht sagen, warum, aber das Gefühl der toten Materie beruhigte sie.

Erneut blickte sie zu ihm hoch. Offenbar stand er an dieser zentralen Stelle, um den Trauernden Trost zu spenden. Es war Emilia, als vereine dieser Engel allen Kummer der Welt in sich. Wie eine mächtige Woge spürte sie ihren eigenen Schmerz in sich emporsteigen. Wie lange hatte sie ihre Gedanken, ihren Zorn, ihre Schuld unterdrückt? Das Säuseln der Stimmen in ihrem Kopf wurde stärker. Sie umrundete die majestätische Figur. Dieser Engel weinte nicht um einen bestimmten Menschen, er beweinte den Tod an sich. Der Engel war unnahbar, denn er zeigte sein Gesicht nicht. Er nahm die Trauer aller Friedhofsbesucher in sich auf, gab aber nichts zurück, weil er nichts zu geben hatte. Hinter den Händen befand sich nur nackter Stein, das wusste sie. Es machte die Figur tragisch. Emilia schaute die Statue an und merkte mit einem Mal, dass sie sich nicht mehr bewegen konnte. Der Engel hielt sie in seinem Bann. Sie fühlte seine Präsenz. Die Stimmen in ihrem Kopf wurden so laut, dass Emilia sie nun nicht mehr ignorieren konnte. Sie schrien hässliche Worte, voller Hass und Wut. Plötzlich überkam sie das Bedürfnis, zu beichten. Ihre Knie sanken wie von selbst auf die feuchte Erde.
„Willst Du auch meine Sünden betrauern, Engel?", sagte sie leise. Die Frage ging unter im Getose der Stimmen. Irgendwo knackte ein Zweig, aber Emilia achtete nicht darauf. Sie faltete die Hände wie zum Gebet und senkte den Kopf. „Du musst an Gott glauben", schrien die Stimmen, „Er wird Dich strafen." Tränen rannen über ihre Wangen. Eine Weile verharrte sie in der Position, bis ein Licht

sie aufblicken ließ. Es war leiser geworden, um sie herum waren die Stimmen verstummt. Die Wolken hatten den Mond ein weiteres Mal freigegeben, und erneut schienen seine Strahlen genau auf den Engel gerichtet. Was war das? Die eine Hand befand sich nun ein wenig tiefer als die andere! Emilia schaute genauer hin. Das war doch nicht möglich! Sie blinzelte. Aber es stimmte. Die Hand war soeben erneut nach unten gesunken und gab nun ein Auge frei – ein Auge, das so strafend auf sie herunterblickte, wie sie es noch nie erlebt hatte. Sie schnappte nach Luft. Dies hier musste einer ihrer schrecklichen Albträume sein. Sie würde gleich aufwachen. Sie versuchte, sich in den Arm zu zwicken, doch die dicke Jacke verhinderte, dass sie auch nur irgendetwas spürte. Als sie erneut zum Engel hochblickte, war die Hand komplett aus dem Gesicht verschwunden. Sein Mund war geöffnet und schien ihr etwas sagen zu wollen.

„Was zum Himmel ...", japste Emilia.

Sie wollte weg, wollte laufen, rennen, fliehen. Doch ihre Beine versagten ihr den Dienst. Um sie herum begannen die flackernden Lichter, sich zu drehen. Sie fühlte ein seltsames Stechen in der Brust. Eine Wolke schob sich vor den Mond und Dunkelheit verdeckte die Statue fast komplett. Emilia ließ sich kraftlos auf die Erde sinken. Ihre Finger berührten den kalten Marmorsockel, das nasse Gras. Es gibt keine Engelstatuen, die sich bewegen, dachte sie, doch der Gedanke entglitt ihr und wurde zu etwas, das keine Bedeutung mehr hatte. Sie musste fort, doch sie hatte die Kontrolle über ihre Glieder verloren.

„Warum ich?", schluchzte Emilia. „Warum ich?"

„Er wird Dich richten", tönten die Stimmen in ihrem Kopf. Stimmen, die Emilia kannte.

Sie blickte erneut zu dem Engel hoch. Der hatte seinen rechten Arm nun ausgestreckt und sah sie noch immer strafend an. Ich habe doch gar nichts gemacht, dachte Emilia. Ich bin ohne Sünde. Ich habe immer gerecht und großmütig gehandelt. Lautlose Weinkrämpfe schüttelten

ihren Körper. Ich bin vom Schicksal gebeutelt ...
Schließlich hob sie den Kopf. Als sie zu ihm hochblickte, hatte der Engel seinen Zeigefinger abgespreizt. Mit dem rechten Arm deutete er nun eindeutig auf sie, die andere Hand hatte er immer noch voller Scham vor die Augen geschlagen.
„Ich habe nichts getan", wisperte Emilia, „ich habe doch wirklich nichts getan! Die Polizei sagt, es war ein Unfall – ein Unfall!"
In ihrem Kopf drehte sich alles. Sie sah den Finger, der sich anklagend auf sie richtete. Sie spürte den Blick des Engels auf ihr lasten.
Er kann es nicht wissen, dachte sie.
Sie sah den Mund des Engels, jetzt verzogen zu einem Schrei, zum Ausrufen des Unaussprechlichen, dessen, was sie zu verdrängen suchte.
„Nein", jammerte sie, „nein, nein, nein! Ich habe es nicht getan ..." Sie schluchzte so heftig auf, dass ihr ganzer Körper erbebte. Der Engel sah auf sie hinab, und sein strafender Fingerzeig und der weit geöffnete Mund verrieten ihr, dass er die Wahrheit kannte.
Das war nicht möglich. Sie hatte es nie jemandem erzählt. Und doch hatte der Engel recht, wenn er seinen Arm gegen sie erhob, als wolle er Gott zeigen, wo eine Sünderin zu finden sei. Sein Finger verriet ihr, dass ihr Geheimnis kein Geheimnis mehr war. Dass es sie eingeholt hatte. Es gab nur eine Wahrheit, und der musste sie sich stellen.
Ihre Muskeln verkrampften sich. Alles schmerzte. Das Haar hing Emilia nun strähnig zu allen Seiten herab, ihre Kleidung war mit Erde beschmutzt. Nun vermochte sie endgültig nicht mehr, aufzustehen.

„Ja", sagte sie schließlich leise und blickte noch einmal zu dem unbarmherzigen Engel hoch. Er, der keine Gnade kannte. Das war nicht genug. Sie fühlte seinen Blick auf ihren Schultern wie das Gewicht der ganzen Welt. Etwas in ihr begann zu brodeln.

„Ja, es stimmt!“ Sie schrie nun. Sie wollte den Engel nicht ansehen, aber es gelang ihr nicht, den Blick zu senken. Endlich schloss sie die Augen. Ihr Körper wurde ruhiger. Die Stimmen flüsterten nur noch. „Gib es zu“, raunten sie, „gib es zu, gib es zu!“
„Ich habe sie umgebracht“, flüsterte Emilia schließlich. „Wie hätte ich denn ohne meinen Sohn und meinen Mann glücklich bleiben sollen?“ Ein weiterer Heulkrampf schüttelte sie. Da berührte das Mondlicht erneut ihre Augenlider und schon hatte der Engel sie wieder in seinen Bann gezogen. Dieser Blick! Er würde sie umbringen. Sie musste hier und jetzt sterben. Emilia spürte eine Dunkelheit heranwogen, die größer war als die der Nacht um sie herum.
„Es war nicht meine Schuld! Warum wollte er sich denn auch scheiden lassen und mich verlassen, mir mein Kind nehmen?“ Sie schluchzte.
Die Stimmen erhoben sich klagend. Es war ein Chor aus einer Männer- und einer Jungenstimme, tausendfach gebrochen, der sie seit jenem Tag begleitete.
„Ich konnte wirklich nichts dafür ...“ Ihr Schluchzen wurde zu einem Wimmern.
„Ich konnte ihn doch nicht einfach mit Jonas davonziehen lassen ...“ Das Wimmern erstarb. Die Stimmen wehten mit dem Nebel davon. In der Ruhe des Friedhofs flackerten die Lichter der Totenkerzen. Irgendwo schrie ein Rabe. Emilias Körper bewegte sich nicht mehr.

Drei Tage später fand eine buckelige Frau aus dem Dorf die Leiche. Die Tote lag auf dem alten Friedhof vor der Engelsstatue, die ihre Hände vor das Gesicht hielt. Die Krähen hatten der Frau die Augen ausgepickt, die Haare waren voller Würmer. Die alte Frau lief langsam und bedächtig nach Hause und rief die Polizei. Der Autopsiebericht stellte Tod durch Herzversagen fest.

Onkel Philipp traf Tante Auguste bei der Beerdigung.
„An diesem Ort finden alle ihre Ruhe“, sagte er gefasst.

„Ich habe sie zu dieser Reise ermutigt", meinte Auguste. Sie schüttete Erde auf das frische Grab.
„Emilia direkt neben diesem großen Engel zu bestatten, das wirkt doch irgendwie übertrieben, meinst Du nicht?", fragte sie ihren Bruder später. „Sie kommt ja noch nicht mal von hier!"
„Es war das einzige Grab, das noch frei war", entgegnete er und zuckte die Schultern. „Ich finde, irgendwie passt es."
Der Grabstein, der einige Wochen später aufgestellt wurde, ähnelte einem anderen, direkt bei der Eingangspforte, sehr. Bei dem neuen Stein konnte man den Namen allerdings noch komplett lesen. Aber es würde nicht lange dauern, dann wäre auch er von Efeu überwuchert, da war sich Philipp sicher.

Eine dieser Nächte

Du hast gute Karten. Sogar sehr gute. Du denkst, du könntest mal wieder gewinnen. Die Kohle könnte sogar für neue Klamotten reichen. „Ich erhöhe um 50", sagst du und schiebst deinen Chipsstapel in die Mitte des Tisches.
Der Typ dir gegenüber sieht dich nur schweigend an. Natürlich geht er mit.
Du erhöhst erneut.
Er setzt alles.
Du zögerst nur kurz.
Er grinst nicht, als er sein Full House auf dem Tisch ausbreitet. Du findest, er sieht wirklich scheiße aus, warum ist dir das früher nicht aufgefallen? Seine Hände sind viel zu groß, seine Hände, die jetzt dein gesamtes Geld an sich nehmen. Da weißt du, dass es wieder eine von diesen Nächten werden wird.

Du seufzt. Dann seufzt du noch einmal, weil dir aufgeht, dass du viel zu oft seufzt in letzter Zeit.
„Ich geh mal Bier holen", sagst du zu den anderen, aber du bist dir nicht sicher, ob du überhaupt Bier willst. Keiner schaut auf, als du gehst. Du steigst in den Wagen, drehst den Schlüssel. Der einzige Laden, der um diese Uhrzeit noch geöffnet hat, ist ein kleiner Supermarkt weiter weg. Der hat immer auf, und weiter weg ist gut. Wenn solche Läden Stammkunden haben, dann bist du einer davon. Eine deprimierende Feststellung, aber wahr.
Irgendwann bist du lange genug durch die Nacht gefahren. Die Lichter des Ladens tauchen vor dir auf. „SuperNachtMarkt" heißt er, was für ein bescheuerter Name, aber irgendwie auch passend, denn du findest den Laden gerade vielleicht nicht wirklich super, aber okay; drinnen ist die Beleuchtung Tag und Nacht nur schummrig – vielleicht, weil der Dreck auf dem Boden dann nicht ganz so auffällt.

Auf dem Parkplatz stehen nicht mehr viele Autos. Weit und breit ist niemand zu sehen.

Die Automatiktüren gehen erst nach kurzem Zögern auf. Hey, ich kann zahlen, willst du ihnen zurufen; zumindest für diesen Laden reicht es noch. Dann bist du drinnen, es ist trotz des schummrigen Lichtes zu hell für deine müden Augen. Ein ABBA-Lied plärrt aus verborgenen Lautsprechern. Verdammt, jetzt hast du einen Ohrwurm.
Der picklige Typ an der Kasse schaut kurz auf. Bunte Köstlichkeiten, in Plastik eingeschweißt, lächeln dich an, als du durch die engen Regalreihen schlurfst. Das Bier ist hinten, ganz hinten, natürlich. Du kommst an den Chips vorbei – okay, aber nur eine Packung – und am Duschzeug – nein, nicht jetzt –, bei den Fertiggerichten bleibst du kurz stehen. Wenn du schon mal hier bist ... Du hörst ein Geräusch, das den schwedischen Schnulzenpop deutlich übertönt. Verblüfft drehst du den Kopf.
Ein kleines Mädchen steht am Eingang und plärrt. Laut, echt laut. Die Mutter, eine Blondine, hat sichtlich Mühe, es zu beruhigen. Dann doch lieber Agnetha und Anni-Frid.
Du schaust genauer hin. Das Zeitfenster für einen Familieneinkauf ist schon lange vorbei. Die beiden sind alleine, kein Vater, der aushilft. Die Blondine trägt zwar enge Jeans und Stiefel, aber dir ist sie zu alt und zu grell geschminkt. Das Kind, das sich mittlerweile auf den Boden geworfen hat und mit Armen und Beinen trampelt, erinnert dich an eine Heulboje auf dem Meer. Wann warst du zuletzt am Meer?
Das Bier. Pils oder Helles oder Weizen. Willst du überhaupt Bier? Du studierst das Regal, gründlich. Du kannst dich nicht auf die Auswahl konzentrieren, das Kind schreit sich die Seele aus dem jungen Körper. Hoffentlich ist es bald vorbei, denkst du, Pils oder Helles?

Du willst gerade nach den Plastikflaschen mit dem Pils greifen, da hörst du einen gewaltigen Knall. Und dann noch einen.

Irgendwo geht etwas zu Bruch, Glas splittert, etwas Schweres fällt um. Die Frau und das Kind werden vom Eingang weggeschleudert, wie Spielzeugpuppen. Dann gibt es noch einen heftigen Knall, näher diesmal, und noch einen. Was zur Hölle ... ? Irgendwas fällt auf dich, Du wirst davon mitgerissen. Alles wird weiß.
Warum weiß? Als du auf dem Boden aufschlägst, siehst du es: Offenbar ist ein Teil des Mehl-, Soßen- und Stärkesortiments explodiert. Du wischst dir vorsichtig das Pulver aus den Augen. Etwas klingelt in deinen Ohren. Du blinzelst, kannst verschwommen etwas sehen, kannst sehen, dass dort, wo vorhin der Eingang war, nun ein schwarzes Loch entstanden ist, einfach so, in Sekundenschnelle. Der Laden hat sich in das pure Chaos verwandelt – überall sind Ständer und Regale umgefallen, die Waren liegen kreuz und quer im Laden verteilt. Es riecht nach Rauch. Von den vielen Lampen an der Decke leuchten noch zwei. Nur ABBA trällert weiter. „Darling can't you hear me: S.O.S."

Das hier ist ein Film, denkst du, das ist nicht real. Du willst aufstehen, aber dein Hintern tut weh. Du siehst bestimmt bescheuert aus, wie du so da hockst, voller Mehl und zwischen lauter aufgeplatzten Stärke- und Suppenpäckchen. Wenn heute Halloween wäre, würdest du als Gespenst sicherlich den ersten Platz in jedem Kostümwettbewerb machen. Leider sehen die drei Jungs, die durch den neu entstandenen Krater in den Laden stapfen, nicht so aus, als sei mit ihnen eine gute Party möglich. Gesplittertes Glas knirscht unter den Sohlen ihrer Springerstiefel und – Moment, sind das wirklich Waffen in ihren Händen?!
Wo sind die Mutter und ihr Kind, fragst du dich, und siehst beide unter einem umgestürzten Regal liegen. Sie bewegen sich nicht. Und was ist mit dem Typen an der Kasse? Du kannst ihn nirgendwo sehen. Ich bin echt im Film, denkst du, gleich kommt der Regisseur rein und ruft „Stopp, Stopp!", und dann gehen alle wieder raus und die Szene wiederholt sich.

Aber das ist kein Film. Die drei Jungs kommen genau auf dich zu. Du willst weg sein, ganz weit weg. Was sollst du tun? Du kannst dich nicht schnell genug erheben, du kannst eine Mehlpackung umklammern, dann steht Erste vor dir. Er hat wirklich eine Waffe, sie sieht groß und schwer aus, und sie ist auf dich gerichtet.
„Wo sind sie?", fragt er.
„Wer?", nuschelst du. Auch dein Mund ist voller Mehl und dein Kopf voller Sand. „Die Schlampe und ihre Tochter!" Er brüllt jetzt und kommt auf dich zu. Sie können sie nicht sehen, denkst du, das Regal ist so auf sie gefallen, dass die beiden unsichtbar sind, zumindest für die, die stehen. Warum interessieren sich diese Typen für die Braut und das Kind? Das checkst du nicht. Der Typ schaut auf dich runter, du blinzelst zu ihm hoch. Dir ist schwindelig. Der Gang dreht sich und mit ihm die Tütensuppen, der Soßenbinder, das Mehl und der Zucker. Er hat gar keine Waffe – ist das ein Warentrenner? So ein Ding von der Kasse ... Du siehst seinen Fuß auf dich zukommen, er will dich treten. Instinktiv schleuderst du ihm die Packung Mehl mit aller Kraft ins Gesicht. Das klappt, warum klappt das? Es gibt einen merkwürdig platschenden Knall, die Tüte Mehl reißt auf und der Typ verschwindet in einer Mehlwolke. Dann hat er die Waffe gesenkt und wischt sich das Zeug aus dem Gesicht. Alle drei gucken doof. Bevor sie reagieren können, wirfst du mit beiden Händen noch ein Päckchen Mehl, und noch eins und noch eins, dann springst du auf - scheiße, tut das weh! - und machst, dass du hinter dem nächsten Regal verschwindest. Hinter dir knallen Schüsse in eine Wand. Also doch kein Warentrenner. Du hörst ihre Schritte, die Typen entfernen sich. Warum folgen sie dir nicht? Dann hörst du einen der Typen Befehle bellen, sie teilen sich im Laden auf, suchen die Frau und das Kind.

Du bist ganz still und schaust vorsichtig um die Ecke. Irgendwo hinter deiner Regalreihe geht etwas zu Bruch, dann hörst du ein entferntes Wimmern.

Die Jungs sind weg, vorerst. Du krabbelst über das Mehl und die Packungen zu dem Regal, lugst darunter, da schauen dich zwei helle Augenpaare an, ein Schimmern in der Dunkelheit zwischen zerdrückten Konservendosen und aufgeplatzten Plastikbeuteln. Ein Daumen wird mühsam, zitternd in deine Richtung gestreckt. Er zeigt nach oben. Du siehst die erwachsene Hand auf dem Mund des Kindes, es schreit nicht, es lebt, die Augen schauen dich an. Du warst noch nie so glücklich.

„Bleibt da drin!", flüsterst du eindringlich. Du weißt nicht, ob sie es hören und robbst zurück, jetzt geht die Bewegung schon leichter, obwohl immer noch alles weh tut.

Einer der Typen kommt zurück. Du hasst das Geräusch seiner Militärstiefel. Er bleibt vor dir stehen.

Du kriechst noch immer auf dem Boden, du sagst: „Hast du meine Brille gesehen? Sie muss hier irgendwo sein", und beginnst, suchend umherzutasten. Du krabbelst von dem Regal weg, unter dem Mutter und Kind liegen.

Seine Spucke verfehlt dich um Haaresbreite.

Du rechnest mit dem Schlimmsten. Nichts passiert. Der Typ beachtet dich nicht mehr, denn irgendetwas anderes fesselt seine Aufmerksamkeit. Du hebst den Blick, da siehst du es auch: Draußen zuckt Blaulicht. Der Typ flucht, er dreht sich um und rennt den Gang hinunter. Männer in Polizeiuniformen stürmen in den Laden. Du kannst nichts machen, schaust nur zu. Du siehst, wie die Jungs abgeführt werden, du hörst die Polizisten rufen, siehst ihnen dabei zu, wie sie die Frau und das Kind vom Regal befreien, sie sind beide wohlauf.

Die Polizei vernimmt dich und andere Zeugen. Du erzählst nicht, dass die Jungs hinter der Braut und ihrem Sprössling her waren. Niemand scheint ernsthaft verletzt, auch du nicht. Die Bullen werden später eine Pressekonferenz geben und von einem Amoklauf sprechen, aber das weißt du noch nicht, du bist noch viel zu sehr damit beschäftigt, dich über das Leben zu freuen, einfach so.

Später wirst du denken, dass niemand im „SuperNacht-Markt" einen Amoklauf veranstaltet hat, erst recht nicht um eine Uhrzeit, wenn kaum einer im Laden ist. Die Jungs haben die Polizei reingelegt. Da musst du doch ein bisschen grinsen.

Deine Kumpels werden dich feiern, na gut, sie werden dich erst mal auslachen, wenn sie dich sehen und später feiern, wenn sie im Netz lesen, dass die Geschichte, die du erzählst, wirklich wahr ist.

Du wirst noch eine Weile brauchen, bis du wieder ohne Angst einen Supermarkt betreten kannst – nicht den NachtMarkt, der öffnet nicht noch einmal, sondern wird abgerissen. Irgendwann kehrst du wieder zu deinem alten Leben zurück, aber du lebst jetzt bewusster, spielst nicht mehr, trinkst kein Bier. Die Nacht wird zu einer dieser Nächte, nicht mehr, nicht weniger.

Nur die Frau und ihr Kind, die hast du nie wieder gesehen.

Die alte Freundin Dunkelheit

Am Montag fing es an.
Es war noch dunkel, als ich aufstand. Das geht nicht, dachte ich, es darf nicht schon wieder Montag sein! Wo war das Wochenende geblieben? Und die Woche davor? Ich erinnerte mich nicht. Ich sah auf meine To-do-Liste, auf die Stapel auf meinem Schreibtisch. Sie würden bis nach dem Feierabend warten müssen, genau wie die Geschirrberge vor der Spüle und die Wollmäuse auf dem ungewischten Parkett. Als ich meine Sachen für den Tag zusammenpackte, war mir, als säße jemand im Halbdunkel des Wohnzimmers auf meiner Couch, aber das konnte natürlich nicht sein.

Doch als ich nach Feierabend zurückkehrte, saß er noch immer dort, deutlicher jetzt, und neben ihm eine Frau, die ich auch noch nie gesehen hatte. Sie trug ein graues Kostüm und hatte ihre farblich passenden Haare zu einem Dutt hochgebunden. Der Mann hatte dichte, schwarze Augenbrauen. Er trug einen schwarzen Anzug.
Beide schauten mit herabgezogenen Mundwinkeln auf die Wand ihnen gegenüber. Ich fragte mich unwillkürlich, was ich wohl falsch gemacht haben könnte. Es war ein anstrengender Tag gewesen, zwei Kunden hatten sich beschwert, weil ihre Aufträge nicht rechtzeitig fertig geworden waren, und ich wollte eigentlich nur noch auf die Couch und abschalten. Doch jetzt war die Couch schon besetzt.
Ich stand in der Tür zum Wohnzimmer und versuchte herauszufinden, was eigentlich los war.
„Sie können hier nicht bleiben", sagte ich in einem bemüht freundlichen Tonfall. „Dies ist mein Wohnzimmer. Sie müssen aufstehen und die Wohnung verlassen."
Der Mann blickte nicht auf.
„Das geht nicht", sagte er. Seine Stimme klang stahlhart.
„Das ist meine Wohnung!" Ich wurde wütend. „Sie müssen gehen!"

Die Frau schüttelte den Kopf. „Das ist unmöglich."

Mir fehlte die Kraft, um mich mit ihnen anzulegen. Ich schloss die Tür und legte mich ins Bett.

Am Dienstagmorgen waren die beiden in meiner Küche und saßen sich am Küchentisch gegenüber. Da ich in diesem Raum nur zwei Stühle unterbringen konnte, hatten sie mich meiner Frühstücksgelegenheit beraubt.

„Verlassen Sie auf der Stelle meine Küche!", sagte ich und deutete zur Tür.

„Das geht nicht", erwiderte der Mann erneut.

Ich starrte ihn eine Weile an, dann machte ich einfach die Tür hinter mir zu. Auf dem Weg zur Arbeit holte ich mir ein Brötchen und einen Kaffee.

Nach Feierabend waren die beiden Fremden wieder im Wohnzimmer. Ich begann, die Küche aufzuräumen, aber schon bald wurde mir die Sinnlosigkeit meines Tuns bewusst. Was wollte ich mit einer Küche, die morgen früh wieder besetzt sein würde? Wollte ich es den beiden etwa auch noch behaglich machen? Ich zog mich in mein Schlafzimmer zurück.

Am Mittwoch hatte ich keine Lust, aufzustehen.

Mitte der Woche. Der Freitag war noch viel zu weit entfernt. Wie erwartet saßen die beiden Fremden in meiner Küche und waren wieder nicht dazu zu bewegen, aufzustehen. Ich ignorierte sie schließlich und begann, mir ein Brot zu schmieren. Das Brot war alt und die Margarine schimmelte. Ich warf beides in den Mülleimer.

„Wie kommen Sie eigentlich in meine Wohnung?", fragte ich dann doch.

„Sie haben uns eingeladen", sagte die Frau.

Ich runzelte die Stirn. Konnte das stimmen? Dass ich meine Gäste einfach nur vergessen hatte?

„Die Einladung ist aufgehoben. Bitte verlassen Sie meine Wohnung."

„Das geht nicht", sagte der Mann.

Ich seufzte. „Wie heißen Sie eigentlich?", fragte ich.
Schweigen.
Ich ging zur Arbeit.

Als ich zurückkam, sah ich nicht hinter die geschlossene Wohnzimmertür. Ich wärmte mir ein Fertiggericht in der Mikrowelle auf. Es schmeckte nach Pappe.
Im Schlafzimmer schaltete ich das Licht an und bekam einen großen Schreck. In meinem Bett lag jemand. Fassungslos starrte ich auf den aschblonden, bleichen Jungen mit geschlossenen Augen.
„Hallo?", fragte ich vorsichtig.
Keine Reaktion.
Leise trat ich näher an das Bett. Der Fremde bewegte sich nicht.
Ich berührte seinen Arm. Er war kalt.
Ich fühlte nach einem Puls, konnte aber keinen finden.
Dann hielt ich eine Hand vor seinen Mund, spürte aber keinen Atem.
Ich stürmte ins Wohnzimmer.
Die Frau und der Mann saßen auf der Couch und starrten die Wand an.
„Wer ist der Junge in meinem Bett?", verlangte ich zu wissen.
Stille.
„Sie erzählen mir jetzt sofort, was hier eigentlich los ist!"
„Das geht nicht", sagte der Mann regungslos.
„Sie müssen den Jungen aus meinem Schlafzimmer entfernen und diese Wohnung endlich verlassen!"
„Das ist unmöglich", sagte die Frau.
„Er ist tot!", schrie ich. Ich spürte Tränen in meinen Augen.
Ich ging zurück ins Schlafzimmer und untersuchte den Fremden genauer. Es handelte sich eindeutig um eine Leiche. Was sollte ich jetzt tun? Ich versuchte, klar und logisch zu denken. Die Indizien sprachen gegen mich. Jede Polizei würde nicht die Fremden, sondern mich einsperren.

Obwohl es draußen bereits dämmerte, schnappte ich mir eine Schaufel aus dem Keller und begann, im Garten eine Grube auszuheben. Es war eine schweißtreibende Arbeit. Längst war es tiefe Nacht, als ich endlich fertig war. An den erleuchteten Fensterscheiben der Nachbarn sah ich neugierige Gesichter, also ging ich wieder ins Haus und tat für eine Stunde nichts anderes, als den Wollmäusen im Flur beim Wachsen zuzusehen. Dann wuchtete ich mir den Jungen über die Schultern, bugsierte ihn irgendwie durchs Treppenhaus und in den Garten. Hinter den Fenstern war das Licht gelöscht worden. Ich legte ihn in die Grube, schüttete Erde in das Grab und streute Laub und Moos auf die frische Erde, um es wie ein harmloses Stück Garten aussehen zu lassen. Danach ging ich duschen, wusch meine Bettwäsche, wendete die fleckige Matratze und bezog mein Bett neu. Es war bereits Donnerstag, als ich mich zur Ruhe legte. Da ich mich nicht ins Bett traute, schlief ich auf einer Decke zusammen mit Kälte und Dunkelheit auf den Fliesen im Flur. Ich war erleichtert, als mein Wecker mir sagte, dass ich aufstehen und zur Arbeit gehen durfte.

An diesem Tag machte ich Überstunden und ließ mir zum Abendessen Pizza ins Büro liefern. Als ich schließlich doch zu Hause ankam, öffnete ich die Schlafzimmertür voller Furcht, doch der Raum sah noch genauso aus, wie ich ihn verlassen hatte. Ich schaute unter das Bett und in den Schrank, doch außer toten Spinnen fand ich keine Leichen. Vielleicht, dachte ich, hast Du Dir alles nur eingebildet, vielleicht ist nichts davon wirklich passiert. Ich blickte in den Garten, aber weil es schon zu dunkel war, konnte ich nichts erkennen. Ich mied das Wohnzimmer und die Küche. Im Bad gab es außer meinem blassen Gesicht und den wirren Haaren im angelaufenen Spiegel keine Überraschungen. Ich schlief gut.

Der Freitag war schließlich gekommen, aber ich konnte mich nicht mehr darüber freuen. In der Küche fand ich

keinen Kaffee, stattdessen meine fremden Dauergäste.
„Wann werden Sie wieder gehen?", fragte ich.
Schweigen.
„Wollen Sie etwa auch so enden wie der Junge in meinem Bett?"
„Das ist unmöglich", sagte die Frau.
Ich ging zur Arbeit und mied den frühen Feierabend. Die Kollegen erzählten mir von ihren Plänen fürs Wochenende. Ich schwieg. Nach Feierabend unternahm ich einen ausgedehnten Spaziergang. Ich ignorierte die Dämmerung und den eisigen Wind und wich den Blicken der anderen Passanten aus.
Irgendwann war ich zu erschöpft, um noch weiter zu laufen und kehrte nach Hause zurück. Das Wohnzimmer gehörte nicht mehr zu meiner Wohnung, darum beachtete ich es nicht weiter. Im Bad gab ich gerade Zahnpasta auf meine ausgefranste Bürste, als mir das Mädchen in der Dusche auffiel. Sie trug ein altmodisches, braunes Kleid und zwei dicke, geflochtene Zöpfe.
„Raus aus meiner Dusche", sagte ich.
„Mach ich nicht", sagte das Mädchen mit ausdrucksloser Miene.
Ich seufzte.
„Ist es wegen des Jungen? Bist Du seinetwegen hier?" Er konnte nur wenig älter als sie gewesen sein.
Das Mädchen schwieg.
Ich putzte mir die Zähne, während sie mir dabei zusah.
Auf den abschließenden Klogang verzichtete ich.

Im Schlafzimmer fühlte ich mich unwohl. Ich schlich in die Küche. Niemand war dort, und doch war es nicht mehr meine Küche. Ich stahl den Wasserkocher, Teebeutel und zwei Tassen, die ich auf dem Nachtschränkchen postierte. Dann füllte ich eine große Schüssel mit Wasser und stellte sie auf einen Stuhl. Einen Topf mit Deckel schob ich unter das Bett – nur für den Fall. Nun hatte ich drei Räume in einem. Eigentlich, sagte ich mir, brauchte ich ja auch gar nicht mehr. Das Schlafzimmer war schon immer der größte Raum gewesen, und den Inhalt des Topfs könnte ich regelmäßig aus dem Fenster in den Garten schütten.

Das Wochenende verlief sehr ruhig. Ich las viel, trank Tee und dachte darüber nach, was ich tun sollte. Mein Schlafzimmer war alles, was mir von der Wohnung noch geblieben war, und das wollte ich so gut wie möglich verteidigen. Fremde tauchten offenbar nur auf, wenn ich die Wohnung verließ, also ging ich an diesem Wochenende nicht mehr aus dem Haus. Manchmal hörte ich, wie die anderen in der Wohnung umhergingen, doch ich ignorierte sie. Am Anfang spürte ich Hunger, aber das ging bald vorüber.

Es ist kalt jetzt in meinem Schlafzimmer, aber die Heizung müsste ich im Flur hochdrehen, darum friere ich lieber. Der Tee ist zur Neige gegangen. Ich liege im Bett, um warm zu bleiben, aber einzuschlafen traue ich mich nicht. Wer weiß, was dann passiert? Mein Atem bildet weiße Wölkchen in der Luft, und der Topf unter meinem Bett verströmt einen unangenehmen Geruch. Auf der Arbeit habe ich mich krankgemeldet. Welchen Wochentag wir haben, weiß ich nicht.

Die alte Freundin Dunkelheit ist zurückgekehrt. Ich möchte jetzt schlafen, aber das geht nicht. Nur kurz die Augen schließen … Ich höre Stimmen aus dem Wohnzimmer.

Jemand sagt: „Das ist unmöglich."

Mein Kopf sackt nach unten.

Nur ganz kurz …

Der Wolf

Es ist vorbei. Ich habe es nicht erwartet, aber wir haben uns gestritten, ein letztes, heftiges Mal, und als ich mich ins Auto setze, weiß ich, dass ich nicht zurückkommen werde. Du hast die Tür lauter hinter Dir zugeknallt als jemals zuvor. Was genau passiert ist, weiß ich nicht mehr. Zeit und Ort sind plötzlich bedeutungslos.
Ich komme mir vor wie in einem diese Endzeitfilme, als ich auf der ausgestorbenen Autobahn im letzten Licht des Tages davonfahre. Janus, sagt eine Stimme in mir, Du wirst darüber hinwegkommen. Ich stelle die Musik lauter. Bald habe ich vergessen, worüber wir uns gestritten haben. Mit der Dunkelheit kommt der Regen, und eine Weile höre ich nur das beruhigende Tick-Tack der Scheibenwischer zwischen dem Prasseln der Tropfen. Eine seltsame Ruhe hat sich meiner bemächtigt. Ich habe Dich einfach zurückgelassen. Ich weiß, dass ich eigentlich umkehren sollte – aber was würde das ändern?
Die Lichtkegel vor dem Auto beleuchten den Asphalt, er ist schwarz jetzt, nicht grau wie am Tag. Nur die Streifen rechts und links von meiner Spur weisen darauf hin, dass hier auch andere unterwegs sein könnten. Ich tauche ein, tief, bewusst, in den vor mir liegenden See aus Dunkelheit und denke an nichts. Die Leitplanke ist mir ein treuer Weggefährte.

Ich weiß nicht, wie lange ich so gefahren bin, ich weiß nicht, wohin ich gefahren bin. Der Regen hat aufgehört. Es ist mir egal, bis mir übel wird. Als ich am Standstreifen das Leuchten meines Warnblinkers betrachte und in seinem Takt ein und ausatme, wird mir klar, dass es keine Hoffnung mehr gibt. Irgendwann setze ich mich wieder ins Auto und starte den Motor. Ich sehe, dass die Tanknadel bedrohlich tief hängt. Ein Blick auf die Uhr zeigt ein Uhr nachts. Verdammt, ich muss stundenlang gefahren sein!

Ich nehme die nächste Ausfahrt. Die Ortsnamen sagen mir nichts. Es muss sich um kleine Dörfer handeln, denn ich finde weder eine geöffnete Tankstelle noch einen Schnellimbiss, also fahre ich die Landstraße weiter entlang. Rechts und links das Schwarzgrau von Feldern und Wiesen, vereinzelt Häuser, in denen noch ein Licht brennt. Meist sind alle Fenster verriegelt, die Rollläden heruntergelassen. Meine Anspannung hat nachgelassen, dafür fallen mir nun vor Müdigkeit fast die Augen zu. Wären es nicht nur zwei Grad, würde ich einfach irgendwo am Straßenrand halten und einige Stunden schlafen, aber ich habe noch nicht mal eine Decke dabei.
Am Horizont geht der Nachthimmel in totale Schwärze über. Die Bäume am Wegesrand strecken ihre dürren Zweige verzweifelt in die Dunkelheit. Wenn der Scheinwerfer sie für eine Sekunde beleuchtet, halten Sie inne mit ihren tastenden Bewegungen.
Dann erfassen die Augen des Autos etwas Großes, dass sich als ein schwarzer Schatten herausstellt, schwärzer noch als die Nacht. Meine Füße treten automatisch auf die Bremse. Der Schatten stellt sich im Lichtkegel als angefahrenes Tier heraus. Ich sehe Blut und Fell und Gedärme. Es muss ein großes Tier gewesen sein, ein Wolf vielleicht. Gibt es in dieser Gegend Wölfe? Je länger ich hinschaue, umso mehr ist mir, als würden sich Teile des blutgetränkten, struppigen Fells heben und senken. Das ist nicht möglich, das Tier muss tot sein. Kein Lebewesen würde so eine Verletzung überstehen. Ich gehe zurück zum Wagen und will gerade die Tür öffnen, als ich im Außenspiegel eine Bewegung wahrnehme. Überrascht drehe ich mich um. Da flackert ein Neonschild in einiger Entfernung, das erste, seit ich von der Autobahn abgefahren bin.
Ich wende den Wagen und halte davor.
„otel" verkünden blau schimmernde Buchstaben. Das Backsteingebäude liegt abseits der Straße, auf einer Anhöhe, ein wenig wie vergessen. Ich parke den Wagen und steige aus. Als ich näher trete, sehe ich, dass der

Putz sich von den einstmals weiß gestrichenen Fensterbänken löst und darunter grauer Mörtel zum Vorschein kommt. Zwischen den Fugen der Pflastersteine wächst Moos. Ich gehe langsam, um nicht zu stolpern. Doch hinter der schmalen Glastür sehe ich Licht. Die Tür ist offen. Ich betrete eine kleine Lobby mit einem einstmals roten Teppich, alten Eichenholzmöbeln und vergilbten Prospekten, die aus einem Ständer an der Wand heraus auf Interessenten warten. Ein leicht chemischer Geruch liegt in der Luft, den ich nicht einordnen kann. Die dunkle, hohe Theke wird von zwei Deckenlampen aus Messing nur unzureichend erhellt. An der Wand hängt eine Kuckucksuhr. Von irgendwoher kommt leise Musik, Michael Jackson singt „Heal the World" und mir wird schon wieder schlecht. Hier ist niemand zu sehen, also drücke ich auf die Klingel.

Es geht mir schon wieder besser, als sich die Tür zu einem Nebenraum öffnet und Michael Jackson für einen Moment lauter wird, bevor sich die Tür wieder schließt.

„Ja?" Die Frau scheint direkt von einem Filmset zu kommen, an dem ein Trashfilm aus den 80ern gedreht wird. Ihre blonden Haare hat sie mit so viel Haarspray fixiert, dass es aussieht, als trage sie eine schief sitzende Perücke. Ihre dunklen Augen beißen sich mit dem hellblauen Lidschatten, und ich bin mir sicher, dass der rosa Schmollmund schon einmal einen Chirurgen aus nächster Nähe gesehen hat – was auch auf ihre Brüste zutrifft. Die pinke Bluse ist ihr, genau wie die Bluejeans, mindestens eine Nummer zu klein. Natürlich kaut sie Kaugummi, und natürlich habe ich sie offenbar bei der Maniküre gestört. Sie ist der erste Mensch, den ich seit Stunden sehe. Als sie sich zu mir nach vorne beugt, umrahmt das Licht aus der Messinglampe ihre Haare und verleiht ihr einen Heiligenschein.

„Ich … äh … ich hätte gerne ein Zimmer", sage ich zu ihr.

Die Erscheinung nickt und dreht sich um. Aus einem Schlüsselboard zieht sie wahllos einen Schlüssel hervor und schiebt ihn mir zusammen mit einem Blatt Papier über die Theke.

„Wenn Se hier dat bitte ausfüllen wollen", sagt sie und kaut. „Frühstück ham wa hier nich, aber um die Ecke is ,ne Bäckerei, die hat morgen ab sechs geöffnet."
„Danke", sage ich und notiere meine Adresse in den dafür vorgesehenen Feldern.
„Dat sin dann vierzich Euro." Sie schaut mich erwartungsvoll an.
Ich denke an die Ebbe in meinem Portemonnaie und suche die letzten Scheine und Münzen zusammen. Es reicht gerade noch. Auf eine Reise war ich nicht vorbereitet.
„Nicht viel los hier, was?", frage ich und deute auf das volle Regal mit den Schlüsseln.
Sie zuckt nur mit den Schultern. „Keine Saison."
Ich nehme den Schlüssel vom Tresen.
„Vierter Stock", sagt sie, „Aufzug hamma nich', aber W-Lan. Brauchen Se den Code?"
Ich denke an den Laptop in meiner Sporttasche und nicke. Sie schiebt mir einen weiteren kleinen Zettel hinüber.
„Auschecken is' bis um zehn", meint sie beiläufig. Ich ziehe eine Augenbraue hoch, aber sie kramt nur in den Unterlagen. Es scheint mir nicht so, als würden morgen früh die nächsten Gäste ungeduldig auf mein Zimmer warten. Egal, denke ich.
Meine Tasche muss ich vor mich halten, als ich die engen Stufen hinaufsteige. Erst im zweiten Stock fällt mir auf, dass sie mir ja auch einen Raum im Erdgeschoss hätte geben können. Blöde Tusse.
Auch in der vierten Etage wird es nicht geräumiger, dazu flackert die Flurbeleuchtung. Es dauert eine Weile, bis ich hinter mehreren Abzweigungen mein Zimmer gefunden habe. Das Aufschließen ist nicht einfach, der Schlüssel klemmt im Schloss. Der Raum ist klein, das Bad winzig, aber, bis auf einige Flecken im Teppichboden und Spinnweben in den Ecken, halbwegs sauber. Ich schaue mich um. Das Zimmer wirkt, als sei es schon ewig nicht mehr vermietet worden. Einen Fernseher gibt es nicht, und als ich einen Blick auf die Karte mit den Fluchtwegen werfen

will, stelle ich fest, dass sie geklaut wurde. Nur vier Klebeflecken an der Tür zeugen noch von ihrem einstigen Platz. Ich nehme eine lauwarme Dusche. Danach fühle ich mich besser. Ein Blick auf die Uhr zeigt mir an, dass es schon nach zwei ist. Egal – jetzt will ich wissen, wo ich hier gelandet bin. Ich setze mich auf das quietschende Bett, fahre den Rechner hoch und gebe den Code ein. Auch im vierten Stock ist der Empfang hervorragend.

Zuerst surfe ich zu einer bekannten Seite mit weltweiten Straßenkarten. Ich tippe auf das Icon für „Standort suchen" und ein rotierender Kreis zeigt mir an, dass die Suche läuft. Währenddessen überprüfe ich mein Telefon. Niemand hat sich gemeldet. Ihr hattet Streit, sagt eine Stimme in meinem Kopf. Ich seufze und lege das Handy weg.
Das Internet zeigt eine Fehlermeldung an: „Seite nicht gefunden." Ich überprüfe die Verbindung. Noch immer voller Empfang. Ich versuche es erneut und surfe parallel zu den E-Mails. Die Meldung „Keine neuen Nachrichten" hat etwas Deprimierendes.
Es klopft und ich schrecke auf. Wer kann das sein?
Zögernd gehe ich zur Tür und schaue durch den Spion, doch der zeigt nichts als undefinierbares graubraun. Wäre ja auch ein Wunder, wenn hier irgendetwas funktionieren würde.
Ich gebe mir einen Ruck und öffne die Tür. Auf dem Gang ist niemand. Die Beleuchtung flackert schon wieder. Ich schaue nach rechts und links. War da ein Geräusch? Schritte - da vorne, hinter der Ecke?
„Hallo?", rufe ich in den Flur hinein.
Niemand antwortet. Ich schaue noch einmal nach rechts und links, dann schließe ich die Tür. Es ist zwei Uhr morgens, Du bist übermüdet und solltest ins Bett gehen, sagt mir die Stimme der Vernunft. Laut Internet kann mein Standort noch immer nicht lokalisiert werden. Ich muss in einem echt abgelegenen Hotel gelandet sein. Ich durchsuche die Schubladen des Nachttischchens, aber außer einer

vergilbten Ausgabe des Neuen Testaments finde ich keine Schriften – keine Prospekte, keine Karten.
Du hast ein schlechtes Gewissen, sagt die Stimme, weil Du Dich mit ihr gestritten hast. Schreibe ihr wenigstens eine kurze Nachricht, damit Sie weiß, dass Du nicht schmollst. Schreib ihr was Unverbindliches. Irgendwo tief im Inneren habe ich die Gewissheit, dass es dafür zu spät ist, aber ich ignoriere dieses Gefühl. Ich surfe ein großes soziales Netzwerk an und logge mich mit meinem Namen, Janus Schwarz, und meinem Passwort ein. Auch hier gibt es keine neuen Nachrichten für mich. Als ich ihren Namen eingebe, funktioniert die Autovervollständigung nicht. Ich suche sie in meiner Freundesliste, finde sie nicht, suche erneut.
Sie ist nicht mehr in meiner Freundesliste. Verdammt, das ging schnell! Ich suche sie im Netzwerk, aber auch auf die Art ist sie nicht zu finden. Sie muss sich wegen mir abgemeldet haben!
Ermattet lasse ich mich auf das kleine, weiße Kissen sinken. Wie schnell sie mich fallengelassen hat – nach all diesen Jahren!
Meine Ohren registrieren erneut ein Geräusch vor der Zimmertür, aber mein Verstand ist bei meiner Freundin. Meiner Ex-Freundin. Verdammt, denke ich, ich sollte jetzt nicht hier sein, in diesem vergammelten Hotel, ich sollte neben ihr liegen! Ich starre die Decke an, und Je länger ich das tue, umso mehr beginnen die Muster der Tapete vor meinen Augen zu verschwimmen, sich zu bewegen und zu etwas Neuem zu werden, etwas Anderem. Es ist wie im Sommer, wenn man im Himmel den Wolken zuschaut, nur, dass Muster auf einer Tapete sich eigentlich nicht bewegen sollten. Mir wird mit einem Mal ganz kalt.
Auf dem Bildschirm meines Laptops beginnt etwas zu blinken, aber ich schaue nicht hin. Wie gebannt starre ich zur Decke, zu den undeutlichen grauen Mustern auf der weißen Tapete. Ornamente und Linien werden zu Buchstaben. Ich kneife die Augen zusammen. „Sie" steht an der Decke. Geh endlich schlafen, sagt die Stimme in meinem Kopf. Da

bemerke ich hinter dem letzten Buchstaben noch etwas. „Sieh", steht dort. Sehen? Aber was denn?
Ich blicke auf meinen blinkenden Laptop. Irgendein Scherzkeks hat in dem Netzwerk einen Filmtrailer hochgeladen. Ich sehe die Zahlen „666" in roter Schrift auf schwarzem Grund blinken. Blödes Autoplay. Ich greife zum Gerät und will das Programm beenden, aber jetzt hakt es und will sich nicht schließen lassen. Ich versuche es erneut. „666" blinkt es mir entgegen. Offensichtlich hat auch der Trailer einen Hänger. Na wunderbar.
Ich blicke erneut auf mein Handy und bemerke, dass es keinen Empfang hat. Da kann ich ja lange auf eine Nachricht warten! Seufzend lege ich es auf den Nachttisch, als ich einen Lichtschein hinter den Gardinen wahrnehme. Zwei leuchtende Kreise kriechen auf mich zu, werden größer – Autoscheinwerfer! Ich bin am Fenster und ziehe den Vorhang zurück. Das Auto fährt an der Straße vor dem Hotel vorbei. Im Scheinwerferlicht sehe ich kurz etwas anderes aufblitzen, ein Auge, dann huscht etwas über die Straße, es ist groß und dunkel. Das Auto fährt vorüber, die Rücklichter werden rasch kleiner. War da ein Wolf? Ein lebendiger Wolf? Er muss ungefähr an der Stelle die Straße überquert haben, an der ich das tote Exemplar gesehen habe. Doch so sehr ich mich auch anstrenge, in der nun wieder eingekehrten Dunkelheit kann ich auf die Entfernung nichts erkennen.
Da sich der Laptop nicht dazu bringen lässt, noch etwas anderes anzuzeigen als die drei Sechsen, klappe ich ihn zu. Ich bilde mir ein, das Blinken auch durch die geschlossenen Hälften hindurch noch wahrzunehmen, aber das ist sicher nur mein übermüdetes Gemüt. Ich lasse ihn auf den Teppichboden gleiten, lösche das Licht und versinke in einen tiefen, traumlosen Schlaf.

Ich erwache davon, dass etwas Feuchtes mein Gesicht berührt; langsam, stetig, immer wieder. Mühsam öffne ich die Augen – und sehe das Tier direkt vor mir. Es hat große, funkelnde Augen und ein grauschwarzes Fell. Ein

letztes Mal leckt es mir mit seiner rauen Zunge durch das Gesicht. Ich schaue es an, versuche zu verstehen, was passiert, da verschwindet es mit einem Winseln in der Dunkelheit. Mühsam rapple ich mich auf. Neben dem Dreck der Straße klopfe ich mir Staub und Spinnweben von der Kleidung. Wie komme ich hierher? Das hier ist nicht das Hotel, in dem ich eingecheckt habe. Mir ist schrecklich kalt. Ich habe vor einem Wagen gelegen – meinem Wagen! Die Tür ist offen, der Schlüssel steckt. Noch immer ist es Nacht. Der Mond steht voll am Himmel. Zögernd setze ich mich hinter das Steuer. Als ich die Scheinwerfer einschalte, bemerke ich das Blut auf dem Boden vor dem Auto. Ich bin an der Stelle, an der ich schon einmal war! Doch vor mir liegt kein Tier. Ich blicke durch den Rückspiegel zum Hotel, aber nun fehlt die Leuchtschrift.
Ich wende das Auto und fahre den Hügel hinauf. Dort, wo das Hotel zu sehen sein müsste, steht ein baufälliges Gemäuer. Nirgendwo in dem Haus brennt Licht, auch die Neonschrift ist verschwunden. Ich steige aus und schaue mir das Gebäude an. Die Glastür ist mit Sperrholzbrettern verrammelt. An schief heruntergelassenen Rollläden hängt ein Schild. „Vorsicht, Wölfe!", lese ich im Strahl meines Handylichts. Eine Weile stehe ich vor dem Gebäude und weiß nicht, was ich tun soll.
Ich schaue in den Wagen. Wo ist die Tasche mit meinen Habseligkeiten? Und der Laptop? Nur mein Portemonnaie trage ich noch bei mir. Ich muss Opfer eines Verbrechens geworden sein!

Ich fahre etwa eine Stunde, bis ich in eine Stadt komme, die eine Polizeiwache besitzt. Der Morgen dämmert, das Schwarz der Nacht weicht dem Einheitsgrau des beginnenden Tages. Die diensthabende Polizistin mustert mich kritisch im Licht der Neonröhre, während ich ihr so gut wie möglich zu erklären versuche, was sich ereignet hat.
„Ich muss das Opfer eines Betrugs geworden sein", fasse ich meine Lage zusammen. „Ich kann das Hotel genau

beschreiben, und auch die Rezeptionistin. Im Schlaf wird man mich ausgeraubt und vor mein Auto gelegt haben, um es wie einen Unfall aussehen zu lassen!"

Ihr Gesicht zeigt keine Regung, als sie fragt: „Ihnen fehlt nichts außer einer Sporttasche und ihrem Laptop, von dem sie sich nicht ganz sicher sind, ob Sie sie tatsächlich nach dem Streit mit ihrer Freundin mitgenommen haben? Sie können das Hotel weder namentlich nennen noch den Ort, an dem es sich befand?"

„Ich habe es ihnen doch beschrieben!"

Ihre Augenbrauen schnellen in die Höhe. „Ich habe Ihnen bereits gesagt, dass dieses Haus seit Jahren leersteht. Jugendliche brechen dort regelmäßig ein, um sich ihren Mut zu beweisen. Angeblich spukt es auf dem Hügel."

„Aber Sie werden hinfahren und es sich ansehen?"

„Sicher." Der Tonfall lässt das Wort wie ‚niemals' klingen. „In der Zwischenzeit sollten Sie sich hier eine Unterkunft suchen. Kommen Sie doch morgen noch einmal auf die Wache, wenn Sie sich ausgeschlafen haben."

Ich nicke ergeben. Müde bin ich noch immer.

Auf der Toilette des Polizeireviers schaue ich in den Spiegel. Meine grauschwarzen Haare stehen struppig in alle Richtungen, und mein ungepflegter Bart lässt mich ebenfalls nicht wie ein Gentleman erscheinen. Kein Wunder, dass die Frau mir nicht glaubte. Zusammen mit der dunklen Kleidung, die ich trage, erinnert meine Erscheinung mehr an das Tier, das ich am Straßenrand fand, als an einen Menschen. Vorsichtig hebe ich mein Hemd hoch – und sehe Blut, sehr viel Blut. Schnell lasse ich das Hemd wieder sinken. Schmerz verspüre ich keinen. Beim Hinausgehen werfe ich einen letzten Blick in den Spiegel. Täusche ich mich, oder blitzt etwas in meinen Augen rot auf? Es wird Zeit, dass ich mir eine neue Freundin suche, denke ich. Die alte ist für mich gestorben.

Abendessen

Sie hört, wie der Schlüssel im Schloss herumgedreht wird. Dann klappert die Tür. Obwohl die Dämmerung noch nicht richtig eingesetzt hat, wird es plötzlich dunkel um sie herum. Vielleicht hat er heute ja einen guten Tag, versucht sie, sich selbst Mut zuzureden. Vielleicht wird er schnell mit dem Biertrinken anfangen, die Zeitung lesen und später vor dem Fernseher einschlafen.
Sie hört, wie er die Tasche in den Flur stellt und seine Jacke auszieht. Er sagt nichts.
Sie schluckt. Dann schaltet sie das Licht ein. Mit einem beruhigenden Summton nimmt die Neonröhre an der Decke ihre Arbeit auf.
Die Tür zur Küche geht auf und er tritt ein. Groß ist er, muskulös, mit breiten Schultern. Obwohl sein Haar im Laufe der Jahre eine eisgraue Farbe angenommen hat und sein Gesicht von Falten durchzogen ist, besitzt er immer noch viel Kraft. Seine blauen Adleraugen suchen die Küche ab, sehen den gedeckten Esstisch, den eingeschalteten Backofen und die schmutzigen Kochutensilien in der Spüle.
„Ich hab' Dir doch gesagt, wann ich nach Hause komme", herrscht er sie an. „Warum ist das Essen noch nicht fertig?"
Sie wird blass. „Ich ...", sagt sie, stockt dann. Sammelt sich, sieht ihn an. „Es hat länger gedauert als gedacht. Die Pilze waren verschimmelt, ich musste noch mal los und neue kaufen."
„Die Pilze also?" Äußerlich wirkt er ganz ruhig.
Sie nickt, schaut jetzt auf den Boden. In diesen Momenten kann sie die Dunkelheit in sich fühlen, als wäre sie körperlich anwesend. Die Neonröhre hilft nicht.
„Das hättest Du verdammt noch mal einplanen können! Plan genug Zeit für Zwischenfälle ein, sage ich immer. Und wo ist der Kassenzettel?"
Sie sieht ihn verständnislos an.
„Der Kassenzettel für die Pilze?"

Sie sieht an ihm vorbei, irgendwo aus dem Fenster, direkt hinein ins Grüne. Draußen ist es noch hell. „Den habe ich nicht mehr."

„Du weißt genau, was ich davon halte, wenn Du mein Geld so verschwendest. Aber das könnte Dir so passen!"

Er ist rot geworden. Sie versucht sich gegen das zu wappnen, was nun unweigerlich folgen muss, aber alles, was sie tun kann, ist, noch kleiner zu werden, die Schultern einzuziehen und den Blick weiter gesenkt zu halten.

„Ich habe Pizza gemacht", versucht sie ihn abzulenken, „mit Kochschinken und Pilzen. Die isst Du doch so gerne!" Doch statt einer Antwort trifft sie sein Schlag mitten auf die Wange – so hart, dass ihr Kopf gegen den Küchenschrank stößt. Als sie sich aufrichtet, tanzen Sterne vor ihren Augen, die sie nicht direkt wegzwinkern kann. Sie versucht, sich zu konzentrieren.

„Ich habe doch nicht ...", beginnt sie, aber er hört nicht zu.

„Das wirst Du mir büßen, Du kleines Luder!", schreit er. Sie ist wie erstarrt vor Schreck, als sie sieht, wie er beginnt, den Gürtel von seiner Hose zu lösen. Unweigerlich hält sie den Atem an.

In diesem Moment beginnt der Küchenwecker zu piepsen. Er schaut irritiert auf. Sie atmet vorsichtig aus. „Die Pizza ist fertig", sagt sie, und er lässt den Gürtel sinken.

Das Piepsen setzt sich fort. „Jetzt hol das Essen aus dem Ofen!", schnauzt er sie an.

Ihre Hand zittert nur ein wenig, als sie den Küchenwecker ausmacht. Er legt den Gürtel zur Seite und setzt sich an den Tisch. Sie streift sich die Küchenhandschuhe über und schiebt den heißen Rost auf die Küchenplatte. Er brummelt etwas Unverständliches.

Sie schneidet die Pizza vorsichtig in acht Stücke. Der Raum riecht intensiv nach Tomaten und Knoblauch.

„Bist Du endlich fertig?", fragt er – jetzt hinter der Tageszeitung, die wie immer auf dem Tisch für ihn bereitgelegen hatte.

„Sofort", sagt sie und zögert. „Oregano fehlt noch."

Sie blickt zu ihm hin, doch die Schlagzeile des Lokalteils verdeckt sein Gesicht: Hilfloser alter Mann von Zug überrollt. Sofort tot.
„Ist egal", sagt er und lässt seinen Blick über den Zeitungsrand hin zu ihr schweifen.
Sie versucht ein Lächeln. „Oregano magst Du doch so gerne."
Obwohl sie ihm damit widersprochen hat, verschwindet der Kopf wieder hinter den raschelnden Blättern.
Sie atmet auf und wendet sich zum Gewürzregal. Ihr Körper wirft einen Schatten auf die Sammlung der verschiedenen Tüten und Dosen. Ihre Hand schwebt bereits über einer abgegriffenen Metalldose, als sie kurzentschlossen zu einem anderen, noch unbenutzten Döschen weiter hinten greift.
Der Geruch eines italienischen Restaurants wird noch eine Spur intensiver, als sie die Kräuter auf der Pizza verteilt. Sie schiebt eines der Stücke auf einen Pizzateller, dann folgte ein anderes, kleineres, auf einem weiteren Teller.
Wortlos stellt sie den Teller mit dem großen Stück vor ihm ab und setzt sich dann ihm gegenüber, denn sie weiß, wie wichtig es ihm ist, dass sie gemeinsam essen.
Er beachtet sie nicht weiter. Eine Zeitungsseite wird gewendet. Ohne genau hinzuschauen, schneidet er sich ein Stück Pizza ab und kaut. Sie rührt ihr Stück nicht an.
Er isst weiter, liest, isst. „Lecker", brummt er zwischendurch.
Er kann ja auch ganz nett sein, denkt sie. Er kann sogar ihr Essen loben. Ihr fällt auf, wie hell es eigentlich in der Küche ist. Rasch holt sie ein Bier aus dem Kühlschrank und stellt es vor ihm ab. Geistesabwesend öffnet er es und trinkt in langen Schlucken. Sie beobachtet ihn. Wartet.
Als er gerade den letzten Bissen gekaut hat, steht sie bereits mit einem weiteren Stück vor seinem Teller. Er grunzt zufrieden.
Sie setzt sich wieder. Denkt an die noch frischen, roten Striemen auf ihrem Rücken.
Nach einer Weile verlangt er ein drittes Stück. Isst es

ebenfalls auf. Dann rülpst er. Das Bier ist aufgetrunken.
„Gut gewürzt. Neues Gewürz?"
Sie nickt.
„Spezielle Pizzawürzmischung."
Er lässt die Zeitung sinken. Sein Blick ist überhaupt nicht mehr abwesend. „Wie bitte?"
Sie blickt ihn erschrocken an. „Eine Mischung … zum Würzen für Deine Pizza. Mit Oregano … und anderen Sachen."
Er steht auf. Kommt auf sie zu. Sie sitzt wie versteinert auf dem Küchenstuhl.
„Ich habe Dir doch gesagt, Du sollst nur das kaufen, was wir unbedingt brauchen! Dich werde ich lehren, mein Geld zu verschwenden!"
Sie schaut auf ihr inzwischen kaltes Stück Pizza, als er nach dem Gürtel greift.
Plötzlich muss er husten. Sie blickt auf. Seine Speicheltropfen landen in ihrem Gesicht.
Der Husten wird schlimmer. Er hält sich am Tisch fest. Tränen stehen ihm in den Augen.
Sie sitzt ganz ruhig und schaut zu ihm hoch.
Der Husten will überhaupt nicht mehr aufhören. Sein Gesicht wird erst rot, bis es langsam eine bläuliche Färbung annimmt.
„Was ...", röchelt er zwischen den Hustenkrämpfen.
Sie blickt ihn wortlos an. Seine Hand kann sich nicht mehr an der Tischkante halten und rutscht ab.
Er sinkt in die Knie.
„Was war … in der Mischung?"
„Kein Oregano", sagt sie und lächelt, als er zur Seite kippt.

Sonntag

Noch nicht einmal das warme Wasser hatte den gewünschten Effekt. Sie stand unter der Dusche und dachte darüber nach, warum sie nicht einfach ein wenig Ruhe finden konnte, nicht einmal jetzt, so spät am Abend. Insgesamt war es doch ein wunderbar entspannter Sonntag gewesen, an dem sie niemand gestört hatte. Und dennoch hatte sie den ganzen Tag eine Unruhe verspürt, die sie sich nicht erklären konnte. Das hatte sie nervös gemacht.

Sie versuchte, sich auf den Geruch ihres Shampoos zu konzentrieren. Während sie den Duft tief einatmete, bekam sie Wasser in den Mund und hustete.
Das Husten wiederholte sich außerhalb des Badezimmers, ziemlich laut, sie konnte es durch das Geräusch des laufenden Wassers hindurch hören. Ich sollte Daniel öfter sagen, dass er den Fernseher nicht so laut stellen darf, das schadet seinem Gehör, dachte sie. Aber Moment ... Daniel war doch gar nicht da! Wie konnte sie das vergessen? Er war bereits früh morgens zu seinen Eltern gefahren, um ihnen im Garten zu helfen. Er sagte, er würde bestimmt zwei Tage bleiben ... Und wenn Daniel nicht da war, konnte er den Fernseher nicht angeschaltet haben. Aber wer hatte dann gehustet?

Das muss der Wind gewesen sein, sagte sie sich, nur der Wind, und verteilte das Shampoo in ihrem Haar. Ihre Hände zitterten. Für eine Weile lauschte sie angestrengt, konnte aber keine weiteren Geräusche hören. Erleichtert stellte sie das Wasser wieder an. Niemand war in der Lage, zu diesem Haus Zugang zu bekommen, hatte ihr die Polizei versichert. Die Tür war mit drei verschiedenen Schlössern gesichert, die doppelten Rollläden waren alle seit der Dämmerung heruntergelassen, der Alarm war angeschaltet und die Kameras hätten ihr verraten, wenn jemand

Fremdes sich dem Haus genähert hätte. Sie stellte das Wasser endgültig aus und griff nach ihrem Handtuch. Seltsam, dabei hätte sie schwören können, ein weiteres Geräusch gehört zu haben. In den Nachrichten hatte man nichts von einem aufziehenden Sturm erwähnt. Es klang, als ob ... – jetzt hatte es aufgehört.

Nein, sie schüttelte den Kopf, das war unmöglich. Sie versuchte, an etwas anderes zu denken, aber als sie in den Spiegel blickte, sah sie die Angst in ihren Augen.
Erlaube den Gespenstern nicht, zurückzukommen, ermahnte sie sich. Nicht noch einmal. Sie sind nur in deinem Kopf. Aber anstatt sich die Haare zu föhnen, lauschte sie erneut. Jetzt war da wirklich ein Geräusch. Etwas zischte ... der Wasserkessel? Sie hätte niemals den Herd angelassen! Das Zischen wurde stärker, wurde zum Quietschen. Was zur Hölle war da los?

Sie wagte nicht, sich zu bewegen. Das Geräusch erinnerte sie an etwas.
Wenn sie doch nur wüsste, was es war! Es wurde lauter, als ob jemand mit aller Kraft ... Sie lauschte mit jeder Faser ihres Körpers. Ihre Augen wurden groß vor lauter Angst und Verwunderung.
Es war das Geräusch des Messerschärfens. Sie kannte es aus ihrer Kindheit. Jeden Sonntag hatte ihr Vater damals sämtliche Messer geschärft. Mit ihnen hatte er im Frühjahr die Lämmer geschlachtet.

Sie konnte den Geruch des Lammblutes wieder riechen, das letzte verzweifelte Blöken hören. Wie lange war das nun schon her? Jeden Sonntag. Mit der Erinnerung kam die Angst. Von weit her drang ein Schrei zu ihr, der Schrei einer Frau. Zu lange her ... War es ihr Schrei gewesen?
Das Geräusch wurde lauter. Jetzt panisch, galt ihr einziger Gedanke der Tür. Sie musste zur Tür. Was immer dort draußen auf sie wartete, duldete keinen Widerstand. Es kannte

sie. Das Geräusch bohrte sich immer tiefer in ihr Gehirn. Es wurde noch lauter. Schien sie von innen heraus zerstören zu wollen. Es wurde lauter. Nein! Sie schrie nun, sie winselte, sie heulte. Noch lauter.

Die Tür öffnen – sie musste die Tür öffnen. Zwischen den Tränen in ihren Augen konnte sie die Türklinke nur schemenhaft erkennen. Unsicher setzte sie einen Fuß vor den anderen. Die Klinke greifen, dachte sie. Das Geräusch wurde lauter. Nur noch die Klinke herunterdrücken. Das Geräusch war nun überall. Es gab kein Badezimmer mehr, keinen Raum, keine Zeit, nur noch Geräusch. Mit dem Gefühl eines Lammes, das zur Schlachtbank geführt wird, öffnete sie die Tür zu dem, was noch einige Minuten zuvor ihr Flur gewesen war.

Im ersten Moment konnte sie nichts sehen. Der Flur lag, abgesehen von dem schmalen Lichtkegel aus dem Badezimmer, komplett im Dunkeln. Woher kam das Geräusch der Messer?
Kam da ein Luftzug aus dem Dunkel hinter ihr? Sie drehte sich um – oder vielmehr, versuchte, sich umzudrehen. Während sie sich bewegte, schien die ganze Welt sich zu drehen und zu verschieben. Sie fiel auf den Fußboden. Sie schrie erneut, zum letzten Mal, bevor sich alles um sie herum in bleierne Schwärze verwandelte. Und Stille.

Waldspaziergang

Es ist eine sternklare Nacht. Der Mond hängt zu drei Vierteln am Himmel, dazwischen funkeln die Sterne, wenn Melissa den Kopf anhebt – was sie in der letzten Viertelstunde nicht oft getan hat, denn es bedarf all ihrer Konzentration, auf dem unebenen Waldboden den Halt nicht zu verlieren. Vor sich hört sie das angestrengte Keuchen von Andreas, hinter sich die lauten Polterschritte von Jens. Kann dieses Trampeltier nicht ein wenig leiser sein, denkt sie, aber dann tritt sie selbst auf einen morschen Ast, der halb unter ihrem Gewicht nachgibt. Der Ast knackt vernehmlich und sie schreit erschrocken auf. „Schhhhhh", macht Jens. Blöder Kerl!
Das sind die Drogen, denkt sie, nur die Drogen. Die verstärken eben alle Eindrücke. Eigentlich sind wir gar nicht so laut. Eigentlich kann uns niemand hören. Vor ihr bleibt Andreas plötzlich stehen, fast wäre sie in ihn hinein gelaufen. Sie bremst ihren Schwung ab, runzelt fragend die Stirn, was aber niemand sehen kann und rückt sich dann die verrutschte Brille zurecht. „Was?", flüstert sie. Andreas hebt die Hand. Sie schweigt. Auch Jens sagt nichts. Eine Weile stehen sie so in der Dunkelheit, um sich herum undeutlich die Schatten der Bäume, hier ein Knacken, dort ein Rascheln. Das sind nur kleine Tiere, sagt sie zu sich, das ist im Wald ganz normal. Jetzt schaut sie doch in den Himmel. Die Sterne leuchten hell, viel zu hell. Sie hätte weniger von dem Zeug nehmen sollen, denkt sie, es war zu viel, aber sie wollte ja unbedingt mitmachen.
„Ich dachte, ich hätte was gehört", sagt Andreas, so leise, dass sie ihn kaum versteht. „War aber wohl nichts." Er geht vorsichtig weiter, Melissa folgt ihm, so gut sie kann, und hinter sich hört sie das Knacksen der Zweige, auf die Jens tritt. Plötzlich findet sie es gar nicht mehr eine so gute Idee, sich nachts zu der Schlossruine im Wald zu schleichen. Es ist dunkel, so unfassbar dunkel in diesem Wald, sie sieht

kaum ihre eigene Hand vor den Augen, von den beiden Jungs ganz zu schweigen. Sie tritt auf etwas Rutschiges, findet keinen Halt, rudert mit den Armen – da ist Andreas Hand zur Stelle, die sie wieder ins Gleichgewicht zieht. Sie will sich bedanken, aber Andreas läuft schon weiter. Melissa hätte nicht vermutet, dass es abseits der Hauptwege in einem Wald so uneben sein könnte, aber, na ja, sie war ja auch noch nie zuvor abseits der Hauptwege in einem Wald. Vor allem nicht nachts, ohne Taschenlampe.

„Die bewachen das Schloss", hatte Andreas verschwörerisch gesagt, als er ihnen an einem sonnenbeschienenen Mainachmittag seinen Vorschlag unterbreitete, „seitdem da mal diese Unfälle passiert sind."

„Was für Unfälle?", hatte Melissa gefragt. Eigentlich waren alte Gemäuer nicht ihr Ding.

„Vor einigen Jahren haben Kids da rumgehangen. Einige sind verschwunden. Hat man später wiedergefunden."

„Und?", fragte sie.

„Unfälle passieren", hatte Andreas gesagt und sein verschlagenes Lächeln aufgesetzt. Das törnt ihn an, denkt Melissa jetzt, diese ganze Gruselscheiße findet der wirklich cool. Sie stolpert erneut über ein Hindernis am Boden, kann sich aber selbst fangen. Warum hat sie sich hierauf nur eingelassen? Ihre Hose ist bestimmt total ruiniert.

„Jedenfalls wird es bewacht", hatte Andreas gesagt. „Bauzaun, Alarmanlage, Sicherheitsdienst, der auch nachts alle paar Stunden nach dem Rechten sieht ... Daran müssen wir vorbei. Die dürfen uns weder sehen noch hören."

Jens war sofort dabei. Das war ja klar. Der Typ liebte Agentenfilme und wollte seinen Mut gerne beweisen, indem er sich heimlich auf ein gesichertes Gelände wagte. „Kann nicht viel passieren", hatte er erklärt. „Selbst wenn die uns erwischen, werfen die uns da höchstens runter. Wenn wir vorher noch ein bisschen Blizz schlucken, sind wir sogar nicht zurechnungsfähig. Die können uns dann gar nichts."

„Und im Übrigen", hatte Melissa gesagt, die in dem Moment von einer merkwürdigen Euphorie erfasst wurde,

„erwischen die uns ja nicht, oder?"
Damit war die Sache beschlossen.

Sie friert jetzt. Es ist kalt nachts im Wald. Sie sind immer noch nicht da, obwohl Andreas Tempo macht. Wie lange dauert das denn noch? Melissa findet, dass die Zeit sich endlos dehnt. Irgendwo hinter ihr knackt es laut und vernehmlich, aber sie achtet nicht drauf. Dann kommt das Knacken auf einmal von rechts. Ob es hier Wildschweine gibt? Die sollen gefährlich sein, wenn sie Junge haben – im Mai, so wie jetzt. Ganz ruhig, mahnt sie sich. Die anderen sind bei Dir.
Plötzlich bleibt Andreas stehen. Sie schaut angestrengt in die Dunkelheit, kann aber außer den Schatten, die sich im Dunkeln verlieren, nichts erkennen.
„Wir sind da", flüstert Andreas. Dann erkennt auch Melissa die Ruine, die sich auf der Lichtung schwach im Mondlicht gegen die dunklen Bäume abhebt. „Hätte ich fast nicht erkannt", sagt sie ehrlich erstaunt. „Ist das düster hier!"
Andreas nickt, dann gehen sie weiter, jetzt besonders leise und vorsichtig. Melissa wird mit jedem Schritt mulmiger zumute. Etwas stimmt hier nicht, denkt sie, etwas stimmt ganz und gar nicht.
Dann werden die Bäume plötzlich lichter und schon stehen sie vor einem Bauzaun. ‚Privat - Betreten verboten!', erklärt ein angerostetes Schild. Dahinter verfallene, dunkle Mauern. Melissa erkennt die elektrischen Drähte unten am Zaun. Die lösen zweifellos Alarm aus, wenn man sie berührt. Etwas fehlt. Was?
„Wie erwartet - nur unten elektrisch. Wir nutzen die Strickleiter, dann passiert uns nichts." Andreas macht sich an seinem Rucksack zu schaffen. Melissa blickt sich um. Jetzt weiß sie, was nicht stimmt.
„Andreas ..."
„Ja?"
„Wo ist Jens?"
Gerade war er doch noch hinter ihr – oder? Jetzt ist er weg.

Andreas schaut auf, sieht sich um. Das Grinsen lässt seine Zähne in der Dunkelheit leuchten.
„Das passt schon", sagt er. „Wir sind doch noch zu zweit."
Bitte? Melissa glaubt, ihren Ohren nicht trauen zu können. Sie blickt suchend in den Wald zurück, doch dort liegt nur ein Meer aus Dunkelheit. Irgendwo ruft ein Käuzchen.
„Kommst Du?"
Andreas ist schon auf der anderen Seite. Was? Das muss ein Scherz sein. Oder hat ihr jemand etwas in den Stoff getan? Wieso interessiert es Andreas nicht, dass Jens einfach so verschwunden ist?
„Ich ...", will Melissa protestieren, aber Andreas geht schon weiter. Sie bekommt Panik. Schnell umfasst sie die Strickleiter, achtet darauf, nicht den Elektrodraht zu berühren, schwingt sich über den Zaun, springt auf der anderen Seite herunter. Geschafft! Sie holt die Strickleiter vom Zaun – die Wachleute sollen ja nichts merken – und folgt Andreas in die Schlossruine.
Es ist nicht mehr ganz so dunkel hier, wo das Mondlicht hinscheint. Gemeinsam steigen sie die morschen Stufen zu etwas hinauf, was früher eine eindrucksvolle Terrasse gewesen sein muss.
„Schön, oder?" Andreas dreht sich um und grinst sie an. Sie muss ihm recht geben. Hier ist es seltsam ruhig, verlassen, alt. An einem solchen Ort war sie noch nie. Das Mondlicht wirft einen fahlen Glanz auf die alten Steine, während die Schatten des ehemaligen Schlosses die Szenerie in unwirkliches Halbdunkel tauchen.
„Ich habe eine Decke mitgebracht", sagt Andreas und greift erneut in den Rucksack. Sie setzen sich damit auf die verfallene Terrasse, dann zaubert Andreas auch noch eine Flasche Wein herbei. Das gibt es doch nicht! Plötzlich wird Melissa alles klar. Die Geschichte war ein Vorwand, um sie zu einem Date zu locken! Jens' Verschwinden muss abgesprochen gewesen sein. Sie schüttelt unmerklich den Kopf. Andreas war immer schon ein schriller Typ, aber das hier ist wirklich keine gute Wahl für ein romantisches

Beisammensein. Hätte er sie nicht einfach zum Essen einladen können? Nach dem ersten Schluck Wein entspannt sie sich ein wenig. Andreas sitzt schweigend neben ihr und trinkt. Er ist wirklich ein komischer Kerl, denkt sie. Hätte nicht gedacht, dass der mich scharf findet. Und doch stimmt immer noch etwas nicht. Hinter ihnen hört sie ein Geräusch.
„Fledermäuse", sagt Andreas, so als hätte er ihre Gedanken erraten. „Hier muss es eine ganze Kolonie geben." Sie nimmt noch einen Schluck Wein.
„Du ...", sagt sie vorsichtig. „Können wir jetzt wieder gehen?" Andreas sieht sie überrascht an. „Aber wir sind doch gerade erst angekommen! Ich wollte eigentlich noch rein ...", und er deutet hinter sich, in die dunkle Ruine. Melissa ist wirklich nicht wohl zumute. Schatten können Menschen fressen, hat ihr Vater ihr früher erzählt.
„Ich muss pinkeln", sagt Andreas plötzlich und erhebt sich. „Was?", fragt Melissa, aber Andreas ist schon in den Schatten des Schlosses verschwunden.

Es knackt wieder irgendwo. Dann ein schabendes Geräusch. Diese Tiere müssen größer sein als Fledermäuse. Melissa hat keine Angst. Zumindest in den ersten Minuten nicht. Nach einer Weile denkt sie, dass Männer für ihre Bedürfnisse doch niemals so lange brauchen. „Andreas?", ruft sie leise in die Ruine hinein.
Keine Antwort.
„Andreas?"
Stille. Dann wieder das schabende Geräusch.
„Andreas, das ist nicht lustig!"
„Andreas!" Ihre Stimme klingt schrill. Sie wartet. Nichts. Nur ihr eigener Herzschlag, der unnatürlich laut in den Ohren dröhnt. Ein Traum, das muss ein Traum sein! Sie späht in die Dunkelheit, aber sie kann nichts erkennen. Also bleibt sie einfach sitzen und wartet auf Andreas Rückkehr.
Wartet ...

Undercover Callboy

„Ich ... äh ... ich wollte wirklich nicht ..."
Dem jungen Mann lief der Schweiß von der Stirn. Es hätte des großen, hellen Lichtkegels nicht bedurft, um ihn zu wärmen. Aber zum Wärmen war das Licht auch nicht gedacht.
Der verächtliche Blick, den ihm sein Gegenüber zuwarf, brachte ihn zum Schweigen.
„Nein, natürlich wolltest Du nicht", sagte der hagere Mann mit russischem Akzent. „Aber Du hast, sonst würdest Du jetzt nicht hier sitzen."
Irgendwo hinter dem Lichtkegel ertönte ein kehliges Lachen. Der junge Mann konnte aufgrund des gleißenden Lichtstrahls, der ihm direkt in die Augen schien, nicht erkennen, wer sonst noch im Raum war, aber es mussten mehrere Helfershelfer dieses filmreifen Oberschurken sein. Sein Gegenüber warf einen eindringlichen Blick nach hinten. Das Lachen erstarb.
„Wir werden schon noch herausfinden, wer Dich hierhergeschickt hat", sagte der Russe nun.
„Das ist alles ein Missverständnis. Ich wollte nicht hierhin, wirklich nicht. Ich wurde gerufen, ein Notfall, hieß es ..."
„Halt dein Maul!", herrschte ihn der andere an. „Denkst Du wirklich, ich glaube Dir auch nur ein Wort?"
Der junge Mann schwieg. Nur nichts Falsches sagen, sonst würde hier sehr bald etwas sehr, sehr Unschönes geschehen.
Er ließ mutlos den Kopf hängen. Er saß in der Patsche; ganz, ganz tief. Und er hatte keine Ahnung, wie er sich hier wieder herausholen sollte.
„Nein", setzte der Russe jetzt wieder ein, „Du wirst schon noch reden und uns alles verraten, was Du weißt. Da bin ich mir ganz sicher. Aber nicht hier. Hier ist der falsche ... Ort."
„Können Sie vielleicht das Licht etwas tiefer richten?", fragte der Junge vorsichtig. „Es blendet."

Diesmal kam das Lachen von allen im Raum. Es mussten vier oder fünf sein, dachte er. Viel zu viele, um selbst als muskelbepackter Kämpfer mit ihnen allen fertig zu werden. Wie sollte er da jemals eine Chance haben?
„Ich erzähle Dir jetzt mal, was ich denke", sagte der Russe.
Das ist ja wie im Film, dachte der Junge. Jetzt erzählt der Bösewicht seinem armen Opfer noch den Plan zur Erlangung der Weltherrschaft. James Bond fiel ihm ein. Aber bei James Bond kam nach der Erzählung unweigerlich das Töten der Opfer an der Reihe. Er schluckte. James Bond konnte sich befreien, aber er war nicht James Bond.
„Was riecht'n hier so komisch?", kam es von hinter der Lampe. „Hat sich der kleine Callboy etwa vor Angst in die Hosen gemacht?" Wieder das Lachen aus allen Kehlen.
Callboy – so hatten sie ihn genannt. Eine Frechheit! Wenn die wüssten ...
„Ich bin kein Callboy!"
„Hat Dich jemand gefragt?" Das Gesicht des Russen kam seinem gefährlich nahe. Der Junge konnte seinen alkoholgeschwängerten Atem riechen. Er schwieg.
„Natürlich bist Du kein Callboy. Du bist ein Nichts. Irgendein Phantom, geschickt von NSA, CIA oder MI6. Was weiß ich. Aber wir sehen sofort, wenn jemand nicht dazugehört. Sich anders benimmt. Die hätten Dich besser vorbereiten sollen. Ist nicht leicht hier für jemanden von Deiner Sorte."
Schon wieder diese Beleidigungen!
„Es war eine Wette!", gab er trotzig zurück.
Es ging so schnell, dass er erst den Schmerz wahrnahm und dann sah, wie der Russe seine Faust zurückzog. Dem Jungen wurde auf einmal speiübel. Jetzt nicht dem Boss vor die Füße kotzen. Er keuchte.
„Ich habe Dir gesagt, Du sollst nicht reden!" Der Russe maß ihn mit einem Blick, mit dem man eine lästige Fliege beäugt, bevor man sie erschlägt.
„Sie hielten das wohl für eine gute Idee, was? Dich so auszustatten? So eine Art Undercover-Callboy solltest Du sein, nicht wahr? Das war Dein Auftrag. Aber leider haben sie

sich den falschen für diese Mission ausgesucht. Sie hätten eben keine wirkliche Schwuchtel nehmen sollen." Er sah auf die eng sitzende Jeans des Jungen. Der schluckte nur und sagte nichts. Er hatte ja versucht, es ihnen zu erklären. Dabei war es wirklich nur eine Wette gewesen. Seine Kumpel hatten ihm eine ganze Stange Geld geboten, wenn er sich nachts auf den Schwulenstrich traute – in entsprechenden Klamotten.

Es war eine bierselige Laune gewesen, vielleicht auch eine Spur Abenteuer: Was passierte da eigentlich? Liefen da wirklich alle so herum, wie es in den Filmen gezeigt wurde? So schlimm konnte das gar nicht sein, oder?

„Warum nicht?", hatte er schließlich gesagt und sich dabei sehr mutig gefühlt. Einige hatten ihm bewundernde Blicke zugeworfen. Jeder wusste doch schließlich, dass auf diesem Strich nicht nur Liebeshungrige umhergingen, sondern auch mit Drogen gedealt und andere wirklich illegale Sachen gemacht wurden. Aber dass es so schlimm werden würde, damit hatte er in seinen schlimmsten Träumen nicht gerechnet.

Na ja, er hatte ja auch nicht ahnen können, dass ihn die anderen plötzlich allein lassen würden, um kichernd einem Schwulenpärchen zu folgen, das sich kurz zuvor gefunden hatte. Er hatte ihnen noch hinterherrufen wollen, aber da hatte dieser Russe ihn auch schon angequatscht. So eine Scheiße! Und jetzt saß er hier, in einem Schuppen nicht weit entfernt in einer Seitenstraße, auf diesem wirklich unbequemen Stuhl, die Hände hinter dem Rücken gefesselt und mit der Aussicht, bald gefoltert zu werden. Wenn er das richtig verstanden hatte. Er kannte sich in Gaunergepflogenheiten bislang nur schlecht aus.

„So, dann werden wir Dich nun mal an einen Ort bringen, an dem Du kleines Plappermaul richtig gut reden kannst." Der Russe grinste, doch dann flog die Tür des Schuppens aus ihren Angeln. Der Junge hörte einen ohrenbetäubenden Knall, und dann mehrere Augenblicke gar nichts mehr. Der Russe lag vor ihm auf dem Boden und bewegte sich nicht. Es regnete Staub und Holzsplitter. Durch den Rauch kamen Gestalten gerannt, sie waren ganz in Schwarz gekleidet, hatten Helme auf dem Kopf – und Gewehre in den Händen. „SEK! Sie sind umstellt. Hände hinter den Kopf und keine Bewegung!" Die Stimme kam ihm seltsam vertraut vor. Er brauchte eine Weile, bis er die Orientierung wiedergewonnen hatte. Was zum Teufel ging hier vor? Dann erkannte er eine Gestalt durch den sich lichtenden Nebel auf ihn zukommen, während die Männer in Schwarz die Helfershelfer abführten. Aber das war doch ...

„Tom!", rief er, und eine Welle der Erleichterung durchströmte ihn. Aber wie konnte sein Kumpel jetzt hier sein? Er war doch vorhin mit den anderen dem Schwulenpaar hinterhergelaufen!

„Tut mir leid, Kollege!", sagte Tom und beugte sich zu ihm herunter, um ihm die Fesseln aufzuschneiden. „Wir brauchten für diese spezielle Mission eine wirklich überzeugende Persönlichkeit. Mir ist niemand Besseres eingefallen, um die Aufmerksamkeit dieser Gangster zu erregen, die wir schon eine Weile beobachten, aber nie auf frischer Tat ertappen konnten."

„Tom ...", flüsterte der Junge schwach. Er erinnerte sich nun vage daran, dass dieser einmal erwähnt hatte, bei der Polizei zu arbeiten. Dann wurde er ohnmächtig.

Verblühtes Frühjahr

Das Leben ist lang, doch jeder Frühling währt nur kurz. Jetzt ist es Herbst, und mir bleibt nicht mehr als der Blick aus dem Fenster. Der Blumengarten liegt im Halbdunkel. Die Sonne ist bereits untergegangen.

Im Frühjahr und Sommer waren von hier aus Vögel zu hören. Im Mai sogar durch die geschlossene Scheibe. Viele Vögel, es war ein wahres Vogelkonzert. Ich brauchte nichts zu tun als hier zu sitzen und zu lauschen. Sie sangen von Freude, von Liebe, von Dir.

Die Linde dort vorn war voll von jungem Grün, die Sonne wärmte den Garten, die Blumen, die Bäume, die Wege. Bienen summten, Ameisen krabbelten über die Wege. Überall duftete es nach Rosen. Ab und zu sah ich sogar einen Schmetterling.
Ich konnte mir keinen schöneren Ort vorstellen als diesen Blumengarten.
Wie leicht mir das Herz war! Wie voll von all den Eindrücken mein Wesen!

Das ist lange her. Nun setzt bereits die Dämmerung ein, dabei ist die Stunde noch gar nicht allzu sehr vorgerückt. Die untergehende Sonne ruft Ihre Schatten hervor. Eine neue Dunkelheit legt sich mit zunehmender Macht über den Garten. Der Schatten kriecht langsam weiter, auf mich zu. Bald wird er mich erreichen. Vom Mai ist nichts übrig als einige gepresste Blüten zwischen Buchdeckeln, irgendwo hinter mir im Regal.

Ich öffne das Fenster, in der Hoffnung, den Frühling in der Luft zu riechen. Nur ein Mal noch. Doch es ist nur Kälte, die die Wohnung erobert. Draußen herrscht Ruhe. Stille von einer Intensität, wie ich sie kaum je vernommen habe. Die

Vögel sind schon lange fortgeflogen. Nur die Linde steht noch immer da. Ihre nackten Zweige recken sich weit nach oben, fast bis in den Himmel, so als würden sie eine höhere Macht um Vergebung bitten. Ich möchte die letzten Rosen betrachten, ein Mal noch ihren Duft einatmen.

Als ich die Tür zum Garten öffne, betrete ich eine andere Welt. Es ist nahezu völlig dunkel. Irgendwo am Horizont verblassen die letzten Farben des Tages. Ich gehe zwei Schritte in den Garten, da knirscht es unter meinen nackten Füßen. Ich blicke nach unten und sehe den Schnee. Um mich herum herrscht mit einem Male Finsternis.

Falsche Fährte

„Mama, Mama, komm schnell, es ist etwas Schlimmes geschehen!"
Es ist schon spät, die Dämmerung hat bereits eingesetzt. Ich bin betrunken, und darum reagiere ich nicht so schnell wie gewohnt. Meine Tochter zerrt an meiner Bluse. Sollte sie nicht eigentlich schon lange im Bett sein? Ich seufze und stehe auf.
Etwas durcheinander folge ich dem kleinen Ärmchen, das mich hinaus aus der Sicherheit des Hauses in den Garten zieht. Kälte empfängt mich. Es ist kühler, als es der Wettervorhersage zufolge sein dürfte. Ich hätte mir eine Jacke überziehen sollen.
Es ist ein stürmischer Tag, die alten Tannen wiegen sich unsicher im Wind. Sie könnten umknicken und eine Gefahr für das Haus werden, denke ich, der Sturm müsste nur stark genug sein. Wir sollten sie fällen lassen, bald.

Sophie lässt meinen Arm los. Ich folge ihr, nichts Gutes ahnend.
Meine Tochter läuft weiter in den Garten hinaus, noch hinter die Tannen, hinter das Gartenhäuschen. Dorthin, wo einst Tante Ernas Gemüsebeet war, heute aber nur noch Wildnis herrscht. Das ungute Gefühl wird stärker. Was will sie in diesem Teil des Gartens? Ich hatte ihr verboten, dort zu spielen. Da gibt es nur wildwuchernde Sträucher und unliebsame Erinnerungen.
„Mama, ich habe einen Fuchs gefunden!", erzählt Sophie.
Verwundert sehe ich sie an. Sie muss etwas anderes meinen, einen Igel oder eine Ratte vielleicht. In einer Großstadt wie dieser gibt es keine Füchse.

Sie biegt um eine Ecke. Ich sehe zuerst die Fliegen, dann sehe ich das Tier. Jetzt weiß ich, warum sie so aufgeregt ist – der Fuchs ist eindeutig tot. In der untergehenden

Abendsonne umschwirren Fliegen Augen und Maul, das rote Fell glänzt schmutzig braun. Der Gestank ist auch von den vielen wilden Pflanzen nicht zu übertünchen.
Seine Augenhöhlen starren mich leer an; auf seinem Körper wimmelt es von kleinen Kriechtieren.
Sophie sieht mich aus ihren großen, braunen Augen an; sie sagt nichts.
Ich schweige ebenfalls. Irgendetwas an diesem Anblick kommt mir seltsam vor, ja, falsch – aber was? Es ist kalt hier. Langsam versinken die letzten Strahlen der Sonne hinter den angrenzenden Häusern, aber wir bleiben stehen und betrachten den Kadaver. Schließlich sehe ich die kleinen Tiere nicht mehr. Die Würmer und Maden werden eins mit der Dunkelheit.
Irgendwann höre ich Schritte. Ein Mann gesellt sich zu uns. Ich kenne ihn nicht. Aber ich habe keine Angst, als er sich neben uns stellt. Ich habe keine Ahnung, wie spät es ist; die Dunkelheit umhüllt uns.

Etwas in mir registriert, dass meine Tochter verschwunden ist, und ich denke darüber nach, ob sie wohl mittlerweile im Bett liegt und schläft. Ich drehe mich zu dem fremden Mann. Er ist ein gutes Stück älter als ich. Trotz der Dunkelheit kann ich sein silbriges Haar schimmern sehen. Wortlos zündet er sich eine Zigarette an und raucht. Das finde ich merkwürdig.
„Wer sind Sie?", frage ich.
Er lächelt. „Möchten Sie das wirklich wissen?"
Ich nicke, weiß aber nicht, ob er das sehen kann. Er nimmt einen neuen Zug von seiner Zigarette.
„Ich bin Ihnen schon lange bekannt."
Ich sehe ihn fragend an.
„Sie haben mich eingeladen", fährt er fort, „Es ist nicht meine Art, an einen Ort zu kommen, an dem ich nicht erwünscht bin."
Ich schüttele den Kopf. Ich bin jetzt nicht mehr betrunken. Ich kann mich wirklich nicht daran erinnern, einen Mann

ins Haus gelassen zu haben. Warum hätte ich das tun sollen? Ich möchte zurück in mein Heim. Ich drehe mich um und lasse den Fremden einfach stehen. Als ich hinter den Tannen hervortrete, sehe ich, dass das Haus brennt. Das ganze Haus brennt! Und wo ist Sophie?
Schreiend renne ich auf das Haus zu.

Ich wache in einem Krankenhaus auf. Zuerst weiß ich nicht mehr, was geschehen ist, aber dann fällt mir alles wieder ein: Die Tannen, der Garten, der Fuchs – und Sophie! Wo ist sie? Ich blicke mich um. Das Zimmer kommt mir riesig vor. Es gibt die üblichen Krankenhausdevotionalien, aber von meiner Tochter fehlt jede Spur. Ich stehe vom Bett auf, möchte sie suchen, aber als ich die Tür des Zimmers öffnen will, ist sie verschlossen. Ich rüttle an der Klinke, rufe und hämmere mit meiner Faust gegen das weiß gestrichene Holz. Die Tür bleibt verschlossen. Niemand kommt. Was für ein Krankenhaus ist das, in dem man seine Patienten einsperrt?

Ich habe irgendwann aufgehört, mich bemerkbar zu machen. Es wird schon jemand kommen und den Irrtum bemerken. Ich werde frei sein und Sophie wiedersehen.

In der Zwischenzeit habe ich Gelegenheit, mir Gedanken zu machen. Und ich mache mir Gedanken. Was soll ich auch sonst tun?
Jetzt ist mir auch wieder eingefallen, was nicht stimmte an dem Fuchs. Ich habe gar keine Tochter. Ich bin mir ganz sicher.

Schatten am Ende des Tages

Als ich meinen Wagen die enge Straße hinauflenkte, trafen mich die Spitzen der Sonnenstrahlen zwischen den dunklen Wipfeln der Tannen wie lautloser Beschuss. Hell-dunkel-hell-dunkel-hell-dunkel. Als ich aus dem Dorf hier heraufgefahren war, hatten die ersten bunten Blätter den Weg bedeckt, doch nun standen nur noch die immergrünen Waldbewohner dicht an dicht, wie in einer feindlichen Linie. Ich kniff die Augen zusammen und schaltete in den zweiten Gang. Der schnelle Wechsel zwischen gleißendem Sonnenlicht und tiefstem Schwarz um mich herum machte es nicht leichter, sich auf die kurvige Straße zu konzentrieren. Meine Sonnenbrille lag im Handschuhfach, aber hier war es zu eng, um anzuhalten und sie hervorzukramen. Zwar war mir bereits seit einer Weile kein anderes Fahrzeug mehr entgegen gekommen, aber Murphys Gesetz sah vor, dass sich das schlagartig änderte, sobald ich anhalten würde. Und ich war mit Murphys Gesetz nur allzu vertraut. Ich seufzte. Schließlich funktionierte demnach auch das Navi auf dem Handy nicht mehr, wenn man es am meisten brauchte. So hatte mir die freundliche Damenstimme bereits vor einer Weile erklärt, sie bräuchte eine Internetverbindung, um meinen genauen Standort zu lokalisieren. Seither schwieg sie.

Ich war also eine Weile recht planlos herumgekurvt, aber nun ziemlich sicher, auf der richtigen Straße zu sein. Schließlich hatte mir ein verwittertes Schild meine Vermutung bestätigt. „… chenhö ...“ hatte ich entziffern können. Die Straße wurde steiler und ich ging weiter vom Gas. Der Takt des Licht- und Schattenspiels verlangsamte sich. Eigentlich mochte ich die Schatten. Vielleicht lag es daran, dass ich als Fotografin Dinge anders sah, dass ich mehr in Lichteffekten dachte. Zugegeben, bei meiner Tätigkeit als Hochzeitsfotografin hatte ich dazu nur selten Gelegenheit.

Doch hier und jetzt, bei meinem Hobby, spielten Hell und Dunkel eine große Rolle. Seit ich vor Jahren auf der Rückfahrt von einem Fototermin auf der Suche nach einer Toilette versehentlich in ein verlassenes Haus eingedrungen war, hatte mich die Poesie der verlorenen Orte gepackt. Das Alte, Verfallene faszinierte mich. Der Gedanke an Vergänglichkeit alles Irdischen war tröstlich. Regelmäßig suchte ich nun Ruinen und alte Gebäude auf, in denen niemand mehr lebte, um dort Bilder von eingeworfenen Fensterscheiben, staubbedeckten Betten und schimmelbefallenen Wänden zu machen. Wenn ich Glück hatte, schien die Sonne durch eine Dachlücke und fiel auf eine alte Puppe, mit der seit Jahrzehnten keiner mehr spielte oder der Efeu, der durch den Boden wuchs, wand sich um ein Wählscheibentelefon, mit dem schon lange niemand mehr telefonierte. Natürlich war es leichtsinnig, so etwas alleine zu machen. In den Ruinen konnte schließlich alles Mögliche passieren. Aber ich hatte niemanden, den ich um Begleitung hätte bitten können. Ich seufzte bei dem Gedanken daran. So sah es aus: Ich war 26 Jahre alt, weder dumm noch hässlich, aber zu einer längeren festen Beziehung hatte es bislang noch nicht gereicht. Meine Freundinnen machten sich bereits lustig über mich. Sarah hatte mich letztens sogar ernsthaft gefragt, ob ich vielleicht asexuell sei. Blöde Kuh.

Die Kurve vor mir war so steil, dass ich bremsen musste, um nicht von der Straße abzukommen. Das hier war wirklich keine einladende Gegend. Den Grund, aus dem ich mich mitten in den Schwarzwald begeben hatte, hatte ich im Internet gefunden. In einschlägigen Lost-Places-Foren war ich längst Stammgast. Hier sollte es eine verlassene Nervenheilanstalt geben, und weil die einsame Lage auf dem Gipfel angeblich noch nicht allzu viele Vandalen angelockt hatte, musste die „Eichenhöhe", gleichwohl sie bereits im 19. Jahrhundert erbaut worden war, noch einen vergleichsweise guten Zustand aufweisen.

Inzwischen fuhr ich fast Schritttempo. Die Straße war immer schmaler geworden. Einen Mittelstreifen gab es längst nicht mehr. Je weiter sich mein Wagen den Weg hinaufquälte, desto kürzer wurden die Schatten der Tannen. Irgendwann fuhr ich auf Höhe der Kronen und die Sonne schien mir direkt ins Gesicht. Ich klappte die Sonnenblende herunter. Noch eine Kurve, und ich war endlich auf dem Plateau angekommen.

Ich parkte den Wagen auf etwas, das vermutlich einmal der offizielle Besucherparkplatz gewesen war. Heute bestand die Fläche aus moosigen Steinplatten. Die weißen Markierungen waren kaum noch zu erkennen und das verbogene Schild daneben so rostig, dass ich es beim besten Willen nicht mehr lesen konnte. Es rumpelte unter mir, als mein Wagen die Steine überquerte, denn einige hatten sich aus der Erde gelöst. Ich stieg aus und sah mich um. Die Anhöhe war gerodet, nur drei Eichen, vermutlich die Namensgeber der Klinik, standen etwas abseits, wie stumme Wächter. Der Wind zerrte an meinen Haaren.

Vor mir ragte ein weiß gestrichener Gebäudekomplex in die Höhe, der an einer Seite der Anhöhe steil abfiel. Dort schien er bis in den Fels hinein gebaut worden zu sein. Braune Holzbalken unterstrichen das Schwarzwald-Flair. Auch die Rahmen der Fenster und Türen waren braun gestrichen und jetzt mit Sperrholz vernagelt. Ich entdeckte vereinzelte Graffitis. Zahlreiche kleine Balkone, Erker und Terrassen ließen die Gebäude verspielt wirken. Ich hatte gelesen, dass einst die hohe, abgeschiedene Lage als besonders heilsam angesehen worden war.

Wie jeder der verlorenen Orte hatte auch die Heilanstalt Eichenhöhe ihre ganz eigene Geschichte. Bis in die 80er Jahre hinein sollten hier noch Geisteskranke therapiert worden sein – bisweilen auch mit rabiaten Methoden. Seither gehörte das Gelände wechselnden Besitzern. Gerüchte im Internet besagten, nachts seien dort Schritte zu hören und Lichter zu sehen. Die Geister der unglücklichen

Verwirrten, wie man munkelte. Man erzählte sich in jüngster Zeit auch von Mädchen aus den umliegenden Dörfern, die hierher aufgebrochen waren, aber nie zurückgekehrt seien. Ich holte meine Fotoausrüstung aus dem Kofferraum. Hier oben war es kühler, und ich zog mir meine Jacke über. Ich hörte vereinzelten Vogelgesang, sonst war es bis auf das Rauschen des Windes völlig still. Ich schenkte all diese Geschichten keine Beachtung. Wenn man den Legenden glauben wollte, warten an den meisten verlassenen Orten Mord, Totschlag und Gespenster. Mir ging es um Licht und Schatten, nicht um Hokuspokus.

Ein alter Bauzaun hatte das Gelände einmal abgesperrt, aber er war teils umgestoßen, teils verbogen, und niemand hatte sich die Mühe gemacht, ihn wieder aufzurichten. Als ich hindurchschlüpfte, blieb meine Jacke an einem losen Stück Draht hängen. Ich bemerkte es erst, als sie mit einem reißenden Geräusch nachgab. Verfluchter Mist! Ich hielt inne und versuchte, die Nähte der Jacke von dem Draht zu befreien, doch es gelang mir nicht gleich. Ich wandte mich um und drehte und ruckelte vorsichtig am Stoff. Er bewegte sich kaum. Schließlich gab ich es auf und zerrte daran. Das half. Noch einmal blickte ich zu dem imposanten Gebäude hoch. Die Sonne befand sich direkt dahinter, so dass es seine Schatten auf mich warf. Zu dieser Jahreszeit würde ich vielleicht noch eine Stunde Licht haben, bevor es zu dämmern begann. Eigentlich hatte ich viel eher hier sein wollen. Ich warf einen Blick auf mein Handy. Noch immer kein Netz.
Etwas ließ mich innehalten und den Blick zurückwerfen. Ich sah mein Auto, einsam auf dem Parkplatz in der Abendsonne, und dahinter die drei knorrigen Eichen. Mir war, als könnte ich eine Bewegung erahnen, irgendwo zwischen den Zweigen. Ich schaute genauer hin, aber es war wohl nur der Wind, der die Äste bewegte. Die drei Bäume standen da, wie sie schon Jahrzehnte dagestanden haben mussten, und doch kam es mir mit einem Mal vor,

als würden sie mir zurufen: „Geh nicht!" Ich war mir meiner Position auf der buchstäblichen Schwelle nur allzu bewusst. Zwar befand ich mich hier am Zaun bereits im Schatten, doch nur ein Schritt zurück würde mich wieder ins Licht führen. Ich schüttelte den Kopf und drehte mich zu dem Gebäude um.

Zunächst fotografierte ich den alten Komplex von verschiedenen Stellen im Freien. Ich stöberte kurz in den Garagen und im Geräteschuppen, die jedoch bereits vor langer Zeit gründlich geplündert worden sein mussten, denn es fand sich kein lohnendes Motiv. Ein kleinerer Anbau war komplett verrammelt, so dass ich an den Bohlen vor den Türen noch so ziehen und zerren konnte, sie gaben nicht nach. Vielleicht hatte ich beim Haupthaus mehr Glück?
Ich wandte mich dem vierstöckigen Gebäude zu. Auch hier waren die Fenster und Türen im Erdgeschoss vernagelt, doch auf der Rückseite hatte jemand die Verkleidung eines Seiteneingangs zerstört. Ich schob mich vorsichtig durch die schmale Öffnung und stand im Halbdunkel eines breiten Ganges. Nur langsam gewöhnten sich meine Augen an das Dämmerlicht, das durch die Lücken in den Brettern hereinfiel. Der Geruch von Schimmel und Rost war mir von früheren Ausflügen vertraut. Auf dem Boden lagen Scherben und Müll, und an die gegenüberliegende Wand hatte ein Witzbold „Hier lauert der Tod" gesprayt. Tapetenreste, die vielleicht einmal bunt gewesen waren, schälten sich von den Wänden. Über den Fenstern bröckelte der Putz von einstmals kunstvollem Stuck. Ich wandte mich nach links. Die Scherben knirschten unter meinen Schuhen. Irgendwo raschelte es. Sicher eine Maus oder eine Ratte, die bei meinem Anblick davonhuschte. Mein Herz klopfte schnell. Ich bemühte mich, so leise wie möglich aufzutreten. Für mich hatten verlassene Orte etwas Heiliges, eine Aura der Vollkommenheit, in die ich eindrang, wenn ich sie besuchte. Ein Teil von mir wusste, dass ‚verlassen' auch bedeutete, mich nicht dort aufzuhalten, aber ich hatte

diese Form der Logik erfolgreich verdrängt. Vorbei an verbarrikadierten Fenstern trat ich durch eine zweiflügelige Holztür, die schief in den Angeln hing. Dahinter erwarteten mich offene Zimmertüren, drei an jeder Seite. Vorsichtig blickte ich hinein. In einem Raum hingen die Gardinen wie drapiert über einem Stuhl, aus dessen Lehne die Polsterung quoll. Ich hatte Glück – ein Sonnenstrahl mogelte sich in diesem Moment an den Brettern vor dem Fenster vorbei, und setzte den tanzenden Staub in Szene. Klick, klick, klick machte meine Kamera. Als ich weiterging, entdeckte ich ein Zimmer, in dem eine schwarz lackierte, altmodische Anrichte scheinbar nur darauf wartete, wieder befüllt zu werden, und in einem weiteren Raum einen nur teilweise geplünderten Schreibtisch aus Eichenholz mit den verstaubten Utensilien eines Arztes. Alte Akten lagen auf dem Boden, einzelne Blätter wellten sich vor Feuchtigkeit. Ich bückte mich und las „Liese … Ka…, eingeliefert am … 71, akute Schizophrenie und …" Ich überlegte, das Relikt mitzunehmen, entschied mich aber dagegen. Ich war ohnehin bereits ein Eindringling; etwas stehlen wollte ich nicht, auch wenn es niemandem mehr gehörte.

In einem großen Saal standen Tische und Stühle ordentlich aufgereiht, so als würden sie nur darauf warten, bei nächster Gelegenheit wieder benutzt zu werden. In einem Nebenraum warteten mit Tüchern abgedeckte Liegen auf ihr ungewisses Schicksal, und in einer Ecke erwischte ich einen achtlos hingestellten Rollstuhl. Licht und Schatten gingen hier genau die Verbindung ein, die ich mir für verlassene Orte wie diesen wünschte, und ich hörte gar nicht mehr auf, zu fotografieren. Ich hatte jedes Gefühl für Zeit verloren, als ich den Teil des Gebäudes verließ und mich auf dem langen Gang dem anderen Flügel zuwandte.

Als ich an meinem Einstieg vorbeikam, stellte ich fest, dass sich das Licht bereits deutlich verändert hatte. Graue Schatten ersetzten das helle Sonnenlicht. Die Sonne musste hinter den Baumwipfeln gerade untergehen; in einigen Minuten würde es bereits dunkel sein. Doch ich wollte die Gelegenheit zu weiteren Aufnahmen nutzen, solange ich noch konnte. Noch einmal hier herauffahren würde ich sicher nicht.

In dem Teil des Gebäudes war einiges anders, das merkte ich, als die gekachelten Fliesen unter meinen Schuhen zu Holzparkett wurden. Ich hörte nun auch keine Scherben mehr unter meinen Füßen knirschen und blickte zurück. Es wirkte, als sei der Parkettboden erst vor kurzem gesäubert worden. Jetzt sah ich nach rechts und links. Hier fiel deutlich weniger Licht durch die geschlossenen Fenster, was daran liegen musste, dass es draußen allmählich dunkel wurde. Ich knipste meine Taschenlampe an. Der schmale, grelle Strahl beleuchtete Staub und - na so was, Fußspuren. Hier musste vor gar nicht so langer Zeit jemand entlanggelaufen sein.

Ich folgte dem Gang und fand erstaunlich intakte und saubere Räume. Da gab es einen Aufenthaltsraum mit mehreren eleganten Tischen, Stühlen und einem fast unbeschädigten alten Sofa. Vorsichtig setzte ich mich auf den roten Samt. Ich spielte mit einem scheinbar achtlos zurückgelassenem Weinglas, das auf der Ablage eines altmodischen Schrankes stand, als hätte es gerade eben jemand dort abgestellt. Es war kaum beschmutzt. Doch Fotos machen mochte ich ohne das richtige Licht keine. Vielleicht gab es in den anderen Räumen noch mehr zu sehen?
Auch in diesem Trakt endete der Gang in einen großen Aufenthaltsraum. Der Raum war erstaunlich gut erhalten, bis auf fehlende Tapete und die eine oder andere Lücke in der Wand, wo einst eine Steckdose gewesen sein mochte, schien nichts zu fehlen. Der Holzfußboden knarrte, als ich mich umsah. Der Kamin wirkte, als sei das Feuer darin erst gerade erloschen. Ich hätte schwören können, dass er eine leichte Wärme ausstrahlte, aber das war natürlich Unsinn. Die beiden Sessel davor sahen gemütlich aus, und ein großer, bunter Teppich verlieh dem Raum zusätzliche

Wohnlichkeit. Ich wandte mich einer der Wände zu, die fast gänzlich von hölzernen Bücherregalen bedeckt waren. Es gab sogar noch eine kleine Leiter, um die höheren Reihen zu erreichen. Es schien, als sei der Besitzer nur kurz verschwunden.
Ich wollte gerade nach einem der alten Bücher greifen, als das Knarzen der Diele unter mir zu einem Bersten wurde und der Boden unter mir nachgab. Mein rechtes Bein verschwand bis zur Wade im gesplitterten Holzboden. Ich schrie erschrocken auf, konnte das Gleichgewicht nicht mehr halten und fiel zu Boden. Die Tasche mit Fotoausrüstung riss ich mit. Etwas klirrte. Die Taschenlampe rollte zur Wand und blieb dort liegen. Ihr Strahl beleuchtete nur noch ein Stück kunstvoll verzierte Fußleiste. Verdammter Mist!
Vorsichtig versuchte ich, mein Bein aus dem Loch im Boden zu ziehen. Es gelang, doch mein Fuß schmerzte dabei höllisch. Ich robbte langsam ein Stück zur Seite und lehnte mich an die Wand. Ich befreite den Fuß von Staub und Dreck und versuchte dann, ihn zu bewegen, doch bei der kleinsten Bewegung schoss eine Schmerzwelle durch meinen ganzen Körper. Ich stöhnte und blickte zu der Tasche mit der vermutlich kaputten Ausrüstung. Das konnte doch nicht wahr sein, oder? Fluchend versuchte ich, mich aufzurichten, doch mein Fuß protestierte bei der Belastung. Der Fuß pochte, aber wenn ich ihn ruhig hielt, konnte ich die Schmerzen zumindest aushalten. Das Halbdunkel schien plötzlich bedrohlich.

Ich lehnte an der Wand und überlegte, was ich tun konnte. Mein Handy in der Jackentasche zeigte noch immer null Verbindungsbalken. Hilfe holen war unmöglich. Die Taschenlampe schien mir schrecklich weit weg. Da hörte ich das Geräusch zum ersten Mal. Waren das Schritte? Das bildest Du Dir ein, sagte ich mir.
Ich lauschte. Es waren ganz eindeutig Schritte – und sie kamen näher! Mit einem Mal überfiel mich schreckliche

Angst. Wer immer hierher kam, würde mich als Eindringling sehen. Warum kam überhaupt jemand hierher?
Die Schritte waren nun ganz nah. Ich versuchte, mich an der Wand noch tiefer ins Dunkel zu drücken, aber mein Fuß schmerzte noch immer zu sehr, als dass ich mich hätte großartig bewegen können. Der Schein der Taschenlampe würde mich ohnehin verraten.
Die Schritte verharrten. Ich starrte ins Dämmerlicht, aber abseits vom engen Lichtkreis der Taschenlampe war es fast unmöglich, etwas zu erkennen.
Dann stand er plötzlich vor mir. Er trug Turnschuhe, Jeans und einen dunklen Pullover.
„Na, wen haben wir denn da?" Seine Stimme ließ mir etwas über den Rücken laufen. Es lag etwas Sarkastisches darin, etwas, das ich nicht zuordnen konnte. Herrje, ich musste mich zusammenreißen! Ich war hier nicht in einem Horrorfilm, ich war in einem verlassenen Haus mitten in Deutschland, und der Typ in Turnschuhen war genau die Hilfe, die ich jetzt brauchte. Ich schluckte.
Er ging vor mir in die Knie und musterte mich. Nun konnte ich sein Gesicht erkennen. Es leuchtete fast in der Dunkelheit, so blass war er. Seine Augen waren von einem katzenhaften Grün. Er trug die Haare an den Seiten kurzgeschoren, nur auf dem Kopf standen blondgefärbte Strähnchen ab. Ein heller Bart umrahmte Mund und Kinn. Er war jung, höchstens Anfang zwanzig. Mein Herz klopfte so laut, dass ich dachte, er müsste es hören.
„Ich ...", sagte ich. Meine Kehle war staubtrocken. Sein Blick fiel auf die Fototasche, auf das Loch im Holz, auf die Taschenlampe und schließlich wieder auf mein Gesicht.
„Ich heiße Samuel", sagte er und streckte mir seine Hand hin. Einen Moment lang war ich so verdutzt, dass ich nicht sprechen konnte. Dann gehorchte meine Hand den Regeln gesellschaftlicher Etikette und wir schüttelten uns kurz die Hände. Sein Händedruck war kühl und fest. Wenn ihm auffiel, wie sehr meine Hand zitterte, dann ließ er sich nichts anmerken.

„Marie", sagte ich und merkte, wie ich mich ein wenig entspannte.
„Hattest einen kleinen Unfall, wie?" Er deutete auf das Loch im Boden.
„Ja, ich wollte Fotos machen, aber ..." Ich stockte.
Er nickte, dann wandte er sich um und begann ungefragt, meinen rechten Fuß zu betasten. Ich schrie auf, als er das Schmerzzentrum berührte.
„Oh je", sagte Samuel, „das ist mindestens verstaucht. Vielleicht auch gebrochen."
„Kennst Du Dich damit aus?"
Er zuckte die Schultern. „Ein bisschen."
Samuel schien hierher zugehören. Wie, wusste ich nicht, aber das war mir in dem Augenblick auch egal. Er blickte sich um. „Wir sollten Dich an den Kamin setzen. In einem Sessel wird Dein Fuß noch mehr entlastet. Wenn Du Dich auf mich stützt, kannst Du dann hinüberhumpeln?"
Ich nickte schwach. Einen Versuch war es wert.
Es tat weh, als er mich hochzog. Ich schlang meine Arme um seine Schultern und verlagerte mein Gewicht auf seinen Körper. Dabei konnte ich ihn riechen. Er roch herb, nach Erde, überhaupt nicht unangenehm. Mir wurde bewusst, wie lange ich schon keinem Mann mehr so nah gewesen war, und eine Sekunde lang dachte ich an andere Dinge als an den Knöchel. Dann machte Samuel einen kleinen Schritt, und ich schrie auf.
„Was ist das denn hier für ein Lärm?" Die Stimme ließ uns beide erstarren.
Ich blickte mich um, aber in der Richtung, aus der die tiefe Stimme gekommen war, konnte ich nichts erkennen. Dann hörte ich Schritte über dem Fußboden, große, kräftige, und zwei starke Männerhände hoben mich auf, so als wöge ich nicht mehr als eine Feder, und setzten mich sanft auf einen der Sessel vor den Kamin. Mein Fuß protestierte, doch als ich ihn vorsichtig ausstreckte, merkte ich ihn kaum noch. Vor dem Kamin war es tatsächlich wärmer. Das konnte ich mir doch nicht nur einbilden! Der fremde Mann stand

hinter mir. Wenn er etwas zu Samuel sagte, dann hörte ich es nicht. Aus Angst vor neuen Schmerzen wagte ich es nicht, mich umzudrehen. Die Schatten im Raum schienen länger geworden zu sein, irgendwie bedrohlicher. Sicher war meine Taschenlampe kurz davor, den Geist aufzugeben. Schließlich hörte ich Schritte, die sich entfernten. Alles schien mir merkwürdig weit weg. Dann tauchte das Gesicht des Fremden vor mir auf. Er war älter, vielleicht bereits über 40. Die Falten in seinem blassen Gesicht standen ihm gut, ganz so, als hätte ein kundiger Maler sie dort platziert, um ihn noch attraktiver wirken zu lassen. Er trug einen schwarzen, enganliegenden Anzug, hatte kurze, schwarze Haare und einen ebenso dunklen Kinnbart. Er musterte mich. Als er mich ansah, geschah etwas mit mir. Ich verspürte Angst, weil ich wusste, dass ich diesem Mann ausgeliefert war, und gleichzeitig Ruhe und Entspannung, denn er würde schon wissen, was am besten zu tun war. Ich hätte ewig in seine Augen schauen können, aber vermutlich war es nur ein winziger Augenblick, bis sich sein Gesicht wieder von mir abwandte.
„Du bist also eine von denen, die verlassene Orte fotografieren, ja?", wollte er wissen, während er die Taschenlampe aufhob und so auf den Kaminsims stellte, dass ihr Lichtkegel zur Decke zeigte und den Raum so breit wie möglich ausleuchtete. Mir schien, als würde es genau das Gegenteil bewirken. Es ging eine düstere Traurigkeit von dem Mann aus, die nicht nur von seiner schwarzen Kleidung herrührte. Ich sah seinen Schatten nach meiner Fototasche greifen. Die Silhouette passte perfekt in den Raum, ja, sie schien fast mit der Dunkelheit in den Ecken zu verschmelzen. Plötzlich wurde mir klar, dass er der Herr dieses Anwesens war, dass ihm alles hier gehörte und dass er es verfallen ließ, weil es ihm so gefiel. Ich begriff, dass das gut und richtig war. Er ließ sich auf den anderen Sessel nieder und legte die Fingerspitzen gegeneinander.
„Ich heiße Daniel", sagte er, und in diesen drei Worten lag mehr als nur eine Einladung.

Überrascht drehte ich den Kopf und schaute erneut in seine mystischen Augen. Ein seltsames Glitzern lag darin. Danach bin ich mir nicht mehr sicher, was genau geschah. Irgendwann kam Samuel zurück, machte Feuer im Kamin und verschwand wieder. Ich erinnere mich an die Wärme und daran, dass ich begriff, dass Daniel der Herr von Samuel war, so wie er nun Herr über mich sein würde. Daniel stand auf und stellte im Raum etwas auf, ich konnte nicht sehen, was. Ich erinnere mich, dass ich ihm von mir erzählt habe, viel zu viel, aber er war interessiert und hakte immer wieder nach.
Irgendwann kam er zu mir und strich sanft mit seinen großen Händen über mein blondes Haar. Dann fanden seine Fingerspitzen meine Wangenknochen, und ich spürte, wie eine bisher unbekannte Erregung von mir Besitz ergriff. Als er mich küsste, war da noch etwas anderes, eine Dunkelheit, die von ihm auf mich überging. Dann fand sein Mund meinen Hals, und ich erinnere mich für eine ganze Weile an gar nichts mehr.

Irgendwann kam ich wieder zu mir. An den Rändern meines Bewusstseins sehe ich die Schatten noch heute. Gleichwohl überall Kerzen brannten, war es unendlich finster um mich herum. Die Schatten krochen aus den Wänden und aus dem Boden direkt auf mich zu. Mir war so kalt wie noch nie zuvor in meinem Leben. Der durchdringende Geruch nach etwas Metallischem lag in der Luft. Ich wollte fort von hier, nur noch schlafen, unendlich lange schlafen, aber Daniel ließ mich nicht. Er war überall an meinem Körper, streichelte meine Wangen, küsste meinen Hals. Wann immer ich es schaffte, die Augen zu öffnen, sah ich sein bleiches Gesicht, sein schwarzes Haar und die dunkelrote Farbe auf seinen Lippen. Schließlich gab er mir etwas von seinen Lippen zu trinken, es war dickflüssig und schmeckte faulig und ein bisschen nach rostigem Eisen. Ich musste würgen, aber etwas von der Flüssigkeit gelangte in meinen Magen.

„Jetzt bist Du auch eine von uns", sagte er mit einem Lächeln. Ich bemerkte seine spitzen Zähne. Warum waren sie mir zuvor nicht aufgefallen?
Die Schatten begannen, sich zurückzuziehen. Dann schlief ich ein. Wann immer ich seither aufwache, weiß ich nicht, ob ich tatsächlich wach bin oder nur träume. Eigentlich ist das auch egal. Ich bin bei Daniel, und das ist alles, was zählt.

Sendbesuch

Steffi kümmert sich wirklich rührend um mich, seit ich hier bin – schleppt mich durch die Stadt und in den Zoo, zum Schloss und in den Friedenssaal, nur, um mich abzulenken. Hier, das ist Münster. Es ist Sommer. Wir sind auf dem Send, der städtischen Kirmes. Es ist ein typisch belangloses Ereignis in einer kleinen Stadt, aber besser als nichts. Eigentlich komme ich aus München. Das Oktoberfest ist schon noch mal etwas anderes.
Steffi und ich schieben uns durch die Menge. Durch das Stimmengewirr tönt der ewig gutgelaunte Losverkäufer: „Gewinne, Gewinne, Gewinne! Nur heute, meine Damen und Herren! Jetzt mitspielen, jetzt gewinnen!"
Steffi sieht mich fragend an, aber ich schüttle nur den Kopf.

Rund um den Autoscooter scharen sich viele Halbstarke. Wieder trifft mich Steffis Blick, aber auch hier möchte ich nicht mitfahren. Doch dem Duft von gebrannten Mandeln kann ich anschließend doch nicht widerstehen. An der nächsten Ecke lockt uns dann der leckere Pizzageruch, und als Nachspeise gönnen wir uns Schokobananen. Anschließend überredet meine Freundin mich noch zu einem Bier. Ich zerre Steffi schließlich weiter. Eine Weile stehen wir unschlüssig vor dem Riesenrad, beschließen dann aber, dass uns das doch zu gemächlich ist.
„Wir sind ja schließlich noch keine Rentner!", sage ich lachend und Steffi stimmt mir zu. Die unheimliche Musik vor der Geisterbahn zieht uns in ihren Bann, aber die davor ausgestellten Gruselfiguren wirken eher wie Relikte aus dem Grundschulfundus. An einer Bar holen wir uns noch ein Bier, doch eigentlich ist das Ziel des Abends klar ein anderes: Wir möchten etwas wirklich Abgefahrenes erleben! Darauf stoßen wir an, und als wir dann wenig später auf das „Spiegelkabinett in eine andere Dimension" stoßen, ist unsere Entscheidung gefallen.

Etwas sonderbar wirkt es bereits von außen – die Maße der Wände scheinen nicht recht zueinander zu passen, aber weder Steffi noch ich können sagen, was diesen Eindruck auslöst. Schlichte Schrift auf einem großen Schild verspricht ein „einmaliges Erlebnis, das noch lange nachwirkt".

Es gibt keine Schlange vor der Kasse. Wir zahlen bei einer kaugummikauenden, aufgetakelten Blondine den günstigen Eintritt. Sie wünscht „viel Spaß" und drückt uns zwei neongelbe Chips in die Hand.

Die Türen öffnen sich mit einem Zischen und ein trockennebelgeschwängerter, nur spärlich beleuchteter Gang tut sich auf. Mir ist plötzlich gar nicht mehr wohl bei der Sache. Ich fühle mich schlecht. Das letzte Bier war vielleicht doch keine gute Entscheidung – oder war es die Banane? Auch Steffi neben mir ist still geworden und nimmt meine Hand. Vorsichtig setzen wir Fuß um Fuß vorwärts, aber es passiert gar nichts. Nach wenigen Metern teilt sich der Gang. Steffi zuckt mit den Schultern, also wähle ich rechts. Wir gehen einige Schritte, als der Nebel sich lichtet und es plötzlich heller wird. Um uns herum besteht nun alles aus Licht; so gleißend, dass es blendet.
„Schau mal, da", sagt Steffi plötzlich mit merkwürdig hallender Stimme und lässt meine Hand los, bevor ich etwas dagegen tun kann.
„Steffi!", rufe ich, doch sie ist bereits weitergelaufen. Ich kann immer noch nichts erkennen. „Steffi?", rufe ich wieder und bleibe stehen. Doch obwohl sich meine Augen langsam an die Helligkeit gewöhnen, sehe ich meine Freundin nicht. Ich drehe mich zweimal um meine eigene Achse, laufe einige Schritte zurück, dann wieder vorwärts – keine Steffi. Da bemerke ich einen Schatten, weiter hinten, und bewege mich darauf zu. Als ich ankomme, entpuppt er sich als großer Haufen Sand. Sand! Prüfend lasse ich etwas davon durch meine Finger rieseln. Mit der Helligkeit zusammen denke ich an eine Wüste. Eine Wüste mitten

auf dem Send? Ich muss lachen, obwohl mir nicht danach zumute ist. Ich richte mich auf, entdecke eine Wand und gehe darauf zu. Beim Näherkommen entdecke ich einen roten Vorhang und schlüpfe hindurch.

Verblüfft bleibe ich stehen. Hier ist es sehr dunkel. „Steffi?", rufe ich wieder, doch die Dunkelheit antwortet nicht. Endlich entdecke ich kleine Lichter an der Decke – Sterne vielleicht. Je länger ich hinschaue, umso mehr scheinen sie an Helligkeit und Zahl zuzunehmen. Langsam erkenne ich ein Bild. Ist das ein Pfeil? Ich folge ihm und gelange durch eine schwarze Tür in einen weiteren Raum, in dem der Boden blau und mit Tüchern ausgelegt ist. Als ich darauf trete, beginnt er, leicht hin- und herzuschwanken. Diesmal kann ich mich schneller orientieren, durchquere den Raum. Lange Zeit jedoch finde ich keinen Ausgang.

Dann bin ich in einem Raum, in dem mir kalte Luft entgegenbläst. Die verspiegelten Wände bewegen sich hier um mich herum, mir wird leicht schwindelig. Ich habe es aufgegeben, nach Steffi zu rufen. Ich konzentriere mich auf die Wände, die sich verschieben. Ich trete einen zögernden Schritt nach vorne, dann noch einen. Aus dem Augenwinkel bemerke ich einen Schatten im Spiegel, doch als ich darauf zugehe, ist er verschwunden. War sie das? Es scheint keinen Ausweg aus dieser Welt voller zersplitterter Farben zu geben. Ich entdecke einen roten Notfallknopf an einem Spiegel, aber den will ich nicht drücken. Dann sehe ich ein Licht und finde eine weitere Tür.

Unvermittelt stehe ich wieder in der Sommersonne. Erleichtert atme ich aus und wieder ein. Es riecht nach Popcorn, Zuckerwatte und frischen Brezeln. Ich sehe mich gründlich um, aber auch hier ist Steffi nicht. Schließlich gehe ich zurück zum Eingang und suche dort.

Die Blondine in ihrem Häuschen sieht mich neugierig an.
„Suchen Sie etwas?"
„Meine Freundin. Haben Sie sie gesehen?"
„Welche Freundin?"
„Mit der ich vor ..." Ich weiß die Uhrzeit nicht. Es kommt mir vor, als wären seither Stunden vergangen. „Mit der ich hier zwei Tickets gekauft habe und dann dort eingetreten bin." Ich deute auf den Eingang.
Die Blondine runzelt die Stirn. „Meine Liebe, soweit ich weiß, warst Du allein."
Die erinnert sich auch an gar nichts. Wie kann man nur so vergesslich sein? Ich suche den gesamten Send ab. Je weiter ich laufe, desto größer erscheint mir die Kirmes. Aber Steffi bleibt verschwunden.
Schließlich entdecke ich zwei Streifenpolizisten und bitte sie um Hilfe bei der Suche nach meiner Freundin.

Die Polizisten waren sehr hilfsbereit und nahmen mich schließlich mit zu ihrem Auto, um mich nach Hause zu fahren, wie sie sagten. Doch der Wagen hielt vor einem großen, flachen Gebäude, das mir unbekannt war.
„LWL-Klinik Münster" steht auf einem Schild am Eingang. Und hier bin ich sicher. Haben sie gesagt.

Seit diesem Tag habe ich Steffi nie wieder gesehen. Ich war auch nie wieder auf dem Send. Der ist mir unheimlich.

Inhalt